DESEMPREGO

Blucher

DESEMPREGO

Uma abordagem psicossocial

Belinda Mandelbaum

Marcelo Ribeiro

Desemprego: uma abordagem psicossocial
© 2017 Belinda Mandelbaum e Marcelo Ribeiro
Editora Edgard Blücher Ltda.

Figura da capa: iStockPhoto

Os autores contaram com o apoio da Bolsa de Produtividade em Pesquisa do Conselho Nacional de Desenvolvimento Científico e Tecnológico (CNPq) para a realização deste livro.

Blucher

Rua Pedroso Alvarenga, 1245, 4º andar
04531-934 – São Paulo – SP – Brasil
Tel.: 55 11 3078-5366
contato@blucher.com.br
www.blucher.com.br

Segundo o Novo Acordo Ortográfico, conforme 5. ed. do *Vocabulário Ortográfico da Língua Portuguesa*, Academia Brasileira de Letras, março de 2009.

É proibida a reprodução total ou parcial por quaisquer meios sem autorização escrita da editora.

Todos os direitos reservados pela Editora Edgard Blücher Ltda.

Dados Internacionais de Catalogação na Publicação (CIP)
Angélica Ilacqua CRB-8/7057

Mandelbaum, Belinda
  Desemprego : uma abordagem psicossocial / Belinda Mandelbaum, Marcelo Ribeiro. – São Paulo : Blucher, 2017.
  120 p.

  Bibliografia
  ISBN 978-85-212-1164-8

  1. Psicologia social 2. Desemprego – aspectos psicológicos 3. Desempregados I. Título II. Ribeiro, Marcelo

16-0128   CDD 150.195

Índices para catálogo sistemático:
1. Psicologia social – Desemprego

Escreveu o autor anteriormente: "Um servo de baixa condição esperava a chuva passar". Mas, mesmo que a chuva passasse, o servo não teria, na verdade, nada a fazer. Normalmente, é claro, deveria retornar à casa de seu senhor. Acontece que fora dispensado havia quatro ou cinco dias. Como também se escreveu antes, a cidade de Kyôto, por essa época, se encontrava em acentuado estado de decadência. E o fato de ter sido dispensado pelo senhor, a quem servira durante longos anos, não passava de uma pequena consequência dessa decadência geral. Seria, portanto, mais adequado dizer "um servo de baixa condição, preso pela chuva, estava desnorteado, sem saber para onde ir" do que "um servo de baixa condição esperava a chuva passar". Além do mais, o tempo chuvoso contribuía sensivelmente para a disposição de espírito desse homem...

Do conto *Rashômon*,
de Ryunosuke Akutagawa (1992)

Prefácio

Trabalhar é objeto de reflexão de pensadores de diversas épocas, como mostra Joel Jung.[1] Trabalhar é uma atividade humana concebida como produtora de riqueza, criadora do mundo e da cultura, povoadora do imaginário sobre si e sobre os outros e estimuladora da convivência social. Trabalhar empregado por outro (ser assalariado) passa, no decorrer da história, de uma condição concebida como indigna para a de condição necessária e almejada.[2] E, nesse processo, o desemprego pode ser visto como problema individual e não como decorrente de escolhas políticas – por isso, estar desempregado pode ser algo para se envergonhar ou se culpar. Assim, trabalhar e estar desempregado são fenômenos que solicitam uma abordagem da psicologia social e, como tal, requerem o diálogo com outras disciplinas e com a literatura, como presente no início deste livro, com a sensibilidade ímpar de Ryunosuke Akutagawa. Por

---

1   Jung, J. (2000). *Le Travail*. Paris: Flammarion.
2   Castel, R. (2003). *As metamorfoses da questão social: uma crônica do salário*. 4. ed. Petrópolis: Vozes.

8   PREFÁCIO

si só, esses elementos justificam a importância do livro *Desemprego: uma abordagem psicossocial*.

A contribuição seminal da psicologia social com Marie Jahoda[3] na Europa pontuou diversos aspectos que mantêm sua atualidade, como descrito neste livro. No caso do Brasil, infelizmente, o desemprego nunca deixou de ser tema relevante e, para ficar no âmbito local, é importante referir que esse tema faz parte das linhas de pesquisa do Centro de Psicologia Aplicada ao Trabalho (CPAT) do Instituto de Psicologia da Universidade de São Paulo (IPUSP), desde meados dos anos 1990. Alguns temas relativos ao desemprego já foram estudados, como as explicações sociais para o desemprego; as estratégias de sobrevivência e de busca de emprego por pessoas desempregadas; a inserção de trabalhadores no mercado informal e desemprego; os usos do tempo por desempregados – o desemprego do tempo; desemprego e silenciamento – o sofrimento psíquico de indivíduos e familiares de desempregados; as formas de lidar com o desemprego em atividades de intervenção; e clínica psicológica, trabalho e desemprego. Todos esses estudos foram publicados nos *Cadernos de Psicologia Social do Trabalho* desde o fim dos anos 1990 e relatam pesquisas de estudantes de graduação e de pós-graduação, de psicólogos e de docentes do IPUSP. Refletindo sobre as articulações entre trabalho, desemprego e clínica psicológica, um outro artigo,[4] publicado em meados dos anos 2000 nos *Estudos de Psicologia*, versa sobre atividade conjunta do CPAT e do Serviço de Aconselhamento Psicológico (SAP), também do IPUSP, para tratar do desemprego, tema que comparecia nos atendimentos oferecidos pelo SAP.

---

3   Jahoda, M. (1987). *Empleo y desempleo: un análisis socio-psicológico*. Madrid: Morata.

4   Sato, L., & Schmidt, M. L. S. (2004). Psicologia do trabalho e psicologia clínica: um ensaio de articulação focalizando do desemprego. *Estudos de Psicologia, 9*(2), 365-371.

Desemprego: uma abordagem psicossocial é estruturado de modo a dar espaço aos diálogos da psicologia social com outras disciplinas, apresentando a compreensão do desemprego do ponto de vista da economia e do desenvolvimento histórico da sociedade. Busca refletir sobre a centralidade do trabalho, sobre as contribuições que a clínica psicológica de base psicanalítica tem a oferecer aos desempregados, a partir de atendimento oferecido a trabalhadores desempregados em um Centro de Referência de Saúde do Trabalhador (CEREST) na cidade de São Paulo. Também evidencia como o desemprego é um fenômeno que atinge a família, não apenas por questões financeiras, mas por interferir em sua estrutura e dinâmica, como bem pode ser visto nos relatos de casos. Como afirmam Belinda Mandelbaum e Marcelo Ribeiro, este livro não é um manual. Longe disso, ele oferece um caleidoscópio para mirar o fenômeno do desemprego, quer como objeto de investigação, quer como de intervenção.

Leny Sato

São Paulo, janeiro de 2017

Apresentação

Este pequeno livro sobre o fenômeno do desemprego é o resultado do encontro entre os trabalhos de estudo, pesquisa e prestação de serviço à comunidade de dois professores do campo da psicologia social. Entre 2000 e 2004, Belinda Mandelbaum, coordenadora do Laboratório de Estudos da Família do Departamento de Psicologia Social e do Trabalho do Instituto de Psicologia da USP, frequentou um centro de referência em saúde do trabalhador na cidade de São Paulo, onde conversou longamente com trabalhadores desempregados[1] pobres, com pouca ou nenhuma qualificação formal, e suas famílias, para compreender o impacto do desemprego em suas vidas e nas vidas de seus familiares. Este livro condensa seus achados que, ainda que se refiram há mais de uma década passada, trazem elementos que permanecem significativos para compreender a experiência do desemprego hoje em nosso país. A publicação de seus achados neste momento, no ano de 2017, infelizmente vem a calhar: após pouco mais de uma

---

[1] Quando dizemos desempregados, estamos sempre nos referindo a desempregados e desempregadas, assim como no caso de trabalhadores, que se refere a trabalhadores e trabalhadoras.

12 APRESENTAÇÃO

década de ampliação do emprego e ascensão de parcelas significativas da população brasileira ao consumo e melhoria da qualidade de vida, assistimos ao retorno do aumento dos índices de desemprego e perda do poder aquisitivo de grande parte das famílias brasileiras.

Marcelo Ribeiro, coordenador do Centro de Psicologia Aplicada ao Trabalho (CPAT) do Instituto de Psicologia da Universidade de São Paulo (IPUSP), coordenou de 2006 a 2012 um projeto, no próprio Instituto de Psicologia, destinado à atenção psicossocial a pessoas em situação de desemprego, no qual foram ouvidas muitas histórias e experiências de estar desempregado. Esse projeto foi idealizado e realizado pelas psicólogas Anete Farina e Tatiana das Neves e discutido periodicamente pela equipe do CPAT, formada pelas duas psicólogas citadas, além dos psicólogos Flávio Ribeiro e Fábio de Oliveira, da secretária Tânia Silva e da professora Leny Sato. Os achados desse projeto também compõem o presente livro, que busca lançar alguma luz sobre essa experiência psicossocial geradora de sofrimento, mas ainda tão pouco estudada pela psicologia em geral, ou pela psicanálise em particular, ainda que o próprio Sigmund Freud tenha localizado no trabalho um dos pilares, juntamente com o amor, para o sustento da saúde mental de todos nós.

O convite para escrevermos sobre desemprego é, para nós, uma oportunidade inestimável de difusão da produção acadêmica para a sociedade mais ampla, que, afinal de contas, é origem e deve ser destinatária de nossos achados, não apenas na pesquisa, mas também no estudo de autores que, nos campos da psicologia social, da psicodinâmica do trabalho, da economia e da sociologia, vêm se debruçando sobre o tema desde o início do século XX, quando o desemprego passou a ascender como forma particular do trabalho nas sociedades capitalistas.

Como os leitores poderão constatar nas páginas que seguem, não compusemos um manual ou guia com orientações sobre o que fazer diante do desemprego. Aliás, se temos uma orientação a dar, é a de que fujam dos manuais e guias, principalmente daqueles que prometem soluções para essa difícil situação. O desemprego é um fenômeno multifatorial, que envolve determinantes pessoais, sociais e econômicos. Reduzi-lo a um problema pessoal, que algumas orientações teriam sucesso em resolver, é parte de uma ideologia individualizante em curso em nossos dias, que ofusca a compreensão de como nossa sociedade se estrutura. Nessa estruturação socioeconômica capitalista, o desemprego, como veremos nas páginas a seguir, cumpre um papel fundamental para seu funcionamento e equilíbrio. Trata-se de um fenômeno, portanto, estrutural, não redutível a soluções individuais, ainda que, evidentemente, dependa em certa medida da ação consciente de cada um em seu trânsito no mundo do trabalho.

O que este livro busca oferecer são elementos para uma compreensão ampliada do fenômeno do desemprego, em seus múltiplos determinantes e consequências. Isso porque pensamos que essa compreensão é importante para nos posicionarmos diante da realidade. O livro é um convite à reflexão, contra as ideologias que se espalham em nossa sociedade nos iludindo com cursos, posturas e fórmulas para conseguir emprego. A crítica da realidade social é o primeiro passo para a sua transformação. Este livro é uma pequena contribuição para essa crítica.

Na parte final, sugerimos alguns filmes que tratam do tema do desemprego de uma forma que consideramos rica para o debate e a reflexão. Vale assistir com os amigos e discuti-los. E indicamos algumas instituições no Brasil que, neste momento, oferecem orientações úteis para o trato com o desemprego e a busca de trabalho.

Belinda Mandelbaum
Marcelo Ribeiro

Conteúdo

1. O desemprego contemporâneo   17

2. Impactos psíquicos e sociais do desemprego   27

3. Escutando desempregados   45

4. Pedro, desempregado   57

5. Dos desempregados à economia: o sistema econômico
de mercado e seu impacto na vida social   69

6. Da economia aos desempregados: concepções do
social e dinâmicas familiares entre a cultura popular
e a cultura de massas   83

Notas finais   105

Filmes que sugerimos   107

Instituições de informação e atendimento que
recomendamos   111

Referências   115

1. O desemprego contemporâneo

As mudanças a que assistimos em nosso mundo atual têm um de seus maiores impactos na relação das pessoas com o trabalho. Com intensidade maior a partir dos anos 1970 no hemisfério norte e a partir dos anos 1980 no hemisfério sul, incluindo o Brasil, transformações mundiais significativas nos modos de produção e acúmulo de capital, pautadas por uma política econômica englobada sob o nome de neoliberalismo, caracterizaram-se pela desregulamentação financeira, que se fez acompanhar da desregulamentação das relações de trabalho, num universo regido por uma lógica dada exclusivamente pelo funcionamento competitivo do mercado, que transformou o espaço social num espaço regido por interesses privados do capital.

O cientista social Gilberto Dupas (2005) aponta que, na modernidade, a mediação entre o público e o privado se dava, prioritariamente, pela esfera política (Estado), constituindo uma relação entre dominantes e dominados, enquanto na contemporaneidade esta mesma mediação tem se processado pela esfera econômica (mercado), transformando a relação entre dominantes e domina-

18   O DESEMPREGO CONTEMPORÂNEO

dos em uma relação entre incluídos e excluídos. Essa mediação contemporânea baseada na mobilidade do capital e na emergência de um mercado global gerou uma nova elite, dominadora dos fluxos do capital financeiro e das informações, organizada por meio de redes e *clusters*, com uma consequente redução progressiva de seus vínculos com as comunidades de origem. Em síntese: "Como consequência, enquanto o mercado internacional unificou-se, a autoridade estatal enfraqueceu-se" (Dupas, 2005, p. 35).

O geógrafo Milton Santos (2000) diz que houve a passagem da política dos Estados à política das empresas, na qual a economia e a cultura, antes pertencentes à coletividade, estão a serviço de interesses privados, não públicos, vinculados ao desenvolvimento econômico, sem contrapartida social, com base no neoliberalismo, resultando em individualismos extremos, abandono da vida social aos mecanismos de mercado e a potencial desagregação das sociedades política e civil – tese corroborada pelos cientistas sociais Robert Castel (2009), Gilberto Dupas (2005) e Alain Touraine (1998).

É importante salientar que, no neoliberalismo, o Estado não está ausente ou se tornou menor, como em geral é dito na mídia; ele está mais flexível aos interesses econômicos dominantes e diminui a preocupação com o interesse coletivo, em um movimento de privatização do Estado, numa verdadeira destruição, de acordo com o geógrafo David Harvey (2007), da criatividade das instituições organizadoras existentes na sociedade e das estruturas da força de trabalho.

Ainda segundo Milton Santos (2000), a ação humana é forçada a se reduzir aos interesses do mercado e não mais aos interesses da própria humanidade, tanto no que se refere a uma globalização econômica (produção material) quanto a uma globalização cultural (produção de modos de relação social), como por exemplo se dá na esfera das relações de trabalho, relações estas invadidas e significadas por novas lógicas e terminologias construídas com o real objetivo de consolidar o neoliberalismo como base psicossocial para a vida, conforme propõe o cientista social Osvaldo Lopez Ruiz (2013) ao dizer que o mundo sociolaboral contemporâneo estaria marcado por um *ethos* oriundo das teorias econômicas e das doutrinas da administração que transformaram a empresa no modo predominante de subjetivação para a vida humana, por meio da incorporação de noções como capital humano, inovação e empreendedorismo como guias da vida sociolaboral. A nossa vida cotidiana, então, passaria a ser determinada pelos interesses econômicos, e tudo aquilo que devemos fazer, segundo esta lógica que vem sendo imposta sobre as pessoas, deve ser feito a partir desses interesses.

No campo do trabalho, então, esse estado de coisas manifestou-se na forma de reestruturações profundas dos processos de produção, tanto no sentido de uma vertiginosa automação industrial e informatização dos procedimentos administrativos, quanto da pulverização das próprias formas de relação dos homens com o trabalho que, sob a dominância da desregulamentação das relações trabalhistas, passaram a incluir cada vez mais uma diversidade enorme de vínculos – o trabalho temporário, de tempo parcial, terceirizado, informal, o subemprego etc. –, o que vem promovendo a fragmentação das formas de relação tanto dos homens com o trabalho como entre si, tornando-se cada vez mais difícil a coesão dos trabalhadores em torno de lutas e reivindicações comuns. Tudo isso quer dizer que a situação sociolaboral atual tem sido marcada por um processo de flexibilização em todos os níveis do mundo do trabalho.

Em termos da organização dos trabalhadores, para o cientista social Giovanni Alves (2000) há uma perda da representatividade e um enfraquecimento dos sindicatos em função da heterogenei-

20 O DESEMPREGO CONTEMPORÂNEO

zação dos vínculos de trabalho (terceirização, prestação de serviços, trabalho temporário, trabalho em tempo parcial, teletrabalho), bem como uma fragmentação profissional, como apontam a psicóloga social Tânia Fonseca (2002) e a psicóloga norte-americana Mary Sue Richardson (1993), uma vez que os espaços de trabalho estão atualmente estruturados ao redor de funções e não de profissões, fenômeno que torna difícil a identificação dos trabalhadores entre si e inviabiliza a sua organização em torno de algo em comum.

A flexibilização das relações de trabalho tem se realizado por meio da singularização dos contratos de trabalho e da pluralização e movimentação constante do conjunto de trabalhadores em dado espaço de trabalho, em função de processos diferenciados que podem ser divididos, segundo Valmíria Piccinini, Sidinei Oliveira e Nilson Rübenich (2006), em: (a) flexibilização quantitativa externa, pelo deslocamento das atividades para outras organizações de trabalho por meio da terceirização, da rede de empresas, do trabalho em domicílio e das cooperativas de trabalho; (b) flexibilização quantitativa interna, pelo aumento da quantidade de mão de obra sem aumento do quadro funcional, por meio de trabalho temporário, em tempo parcial, de tempo compartilhado, suspensão temporária de contrato de trabalho (*lay off*) e estágios; (c) flexibilização funcional, por meio das exigências de multifuncionalidade e polivalência dos trabalhadores; (d) flexibilização externa das formas de trabalho, ou seja, flexibilização de quando e onde o trabalho será realizado, por meio do teletrabalho, trabalho em domicílio e em rede de empresas; e (e) flexibilização interna das formas de trabalho, ou seja, flexibilização de quando e onde o trabalho será realizado pelo quadro funcional dentro das dependências da empresa, através de horas extras, banco de horas, jornada de trabalho flexível, turnos e semana reduzida de trabalho.

Em termos de segurança e estabilidade, assistimos a um movimento de diminuição de empregos e avanço de processos de informalidade, com consequente diminuição da proteção social dos trabalhadores. Para diversos autores (Antunes, 2011; Castel, 2009; Touraine, 2007 e Krein, 2013), o mundo do trabalho contemporâneo tem sido marcado pelas rupturas e fragilizações de estruturas tradicionais e a emergência de dinâmicas de trabalho mais fluídas, tornando-o mais flexível, heterogêneo e complexo, o que gera, de um lado, abertura para mudanças e inovações, mas, de outro, frequentes situações de precarização, instabilidade e insegurança, bem como uma maior responsabilização dos próprios trabalhadores sobre seu trabalho e sua carreira, dentro da chamada flexissegurança (Auer, 2007; Sultana, 2013) ou estabilidade contemporânea, como a define o psicólogo social Marcelo Ribeiro (2014): não marcada pela instabilidade, mas por uma nova forma de estabilidade conseguida pela posição ativa das pessoas nas relações com os contextos sociolaborais, a fim de gerar experiências de continuidade e sentido na vida de trabalho.

Esta situação recebeu o nome de flexissegurança, pois reduziu a segurança no trabalho oferecida pelo Estado e pelas empresas, e transferiu parte desta responsabilidade para as próprias pessoas. Por exemplo, agora é recomendável que os trabalhadores constituam parte de sua própria aposentadoria por meio de planos de previdência privada ou, ainda, que invistam em sua qualificação por conta própria. Dessa forma, os trabalhadores têm agora maior responsabilidade sobre suas carreiras e devem geri-las, ficando mais solitários nesta tarefa, com menor apoio do Estado e do mercado de trabalho.

Em termos de condições de trabalho, as mudanças nas lógicas da segurança e da estabilidade têm reforçado situações clássicas de precarização do trabalho como o aumento do desemprego e

22 O DESEMPREGO CONTEMPORÂNEO

da informalidade, bem como produzido novas situações, como a criação de modalidades intermediárias de trabalho que possuem algumas características do emprego, mas que tiram vários direitos e proteções sociais do trabalhador, nomeadas genericamente de subemprego pelos psicólogos sociais Joseh Blanch (2003) e Leonardo Novo (2005). As diversas modalidades de subemprego, somadas à "flexissegurança", têm feito muitos trabalhadores viverem em condições de vulnerabilidade psicossocial, definida por Marcelo Ribeiro (2011) a partir da proposta do médico Ricardo Ayres et al. (2006) como

> *uma diminuição da possibilidade de estabelecer vínculos e redes sociais, não uma fragilidade pessoal, nem institucional, e sim relacional, ou seja, a vulnerabilidade psicossocial seria a resultante de contextos de intersubjetividade, isto é, espaços delimitados (sociais, culturais, laborais, econômicos, simbólicos) de relação, geradores de vulnerabilidade, nos quais as pessoas se encontram em dificuldade de estabelecer vínculos em alguma dimensão significativa da vida, como o trabalho (Ribeiro, 2011, pp. 60-61).*

Essa vulnerabilidade se processa por conta das transformações neoliberais, com enfraquecimento institucional do Estado, e torna os trabalhadores mais fragilizados e mais solitários, redundando, nas palavras da cientista social francesa Béatrice Appay (2005), em uma institucionalização da precariedade, procedente das transformações referentes ao trabalho e à proteção social.

Para a economista Graça Druck (2011), na realidade brasileira, as principais modalidades geradoras da precarização do trabalho são a vulnerabilidade das formas de inserção e as desigualdades sociais, mas também, mais especificamente, a intensificação do trabalho e a terceirização, a insegurança e a questão da saúde (ou falta dela) no trabalho, a perda das identidades individuais e coletivas (muito frequente em situações prolongadas de desemprego), a fragilização da organização dos trabalhadores e a condenação e descarte dos Direitos do Trabalho.

É nesse contexto, enfim, que diversos fatores entrelaçados, entre os quais a retração da responsabilidade das políticas governamentais em relação a garantir direitos mínimos dos empregados, a prevalência de um sistema de gerenciamento em que predominam os resultados do ganho de capital sobre o entendimento das responsabilidades sociais das organizações e os processos de automação e informatização de bens e serviços têm contribuído para gerar, em todo o mundo – ainda que com importantes diferenças regionais[1] – o desemprego de um enorme contingente de trabalhadores de todos os setores e classes sociais.

Neste momento, em nosso país, assistimos a uma nova ascensão dos níveis de desemprego, que vinham decaindo desde os primeiros anos do século XXI, durante os dois governos do presidente Lula e o primeiro mandato de Dilma Rousseff. A Pesquisa de Emprego e Desemprego (PED), realizada de forma contínua entre o Seade (Fundação Sistema Estadual de Análise de Dados) e o DIEESE (Departamento Intersindical de Estatísticas e Estudos Socioeconômicos) em sete regiões metropolitanas do país (São Paulo, Belo Horizonte, Distrito Federal, Fortaleza, Porto Alegre, Recife

---

1 Para uma discussão sobre os níveis de desemprego em diferentes países, ver Mattoso, J. (2000). *O Brasil desempregado* (2. ed.). São Paulo: Editora Fundação Perseu Abramo. Além disso, os dados gerados pela Organização Internacional do Trabalho (OIT) são também fontes significativas de informações.

24   O DESEMPREGO CONTEMPORÂNEO

e Salvador), mostrava em maio de 2015 que a taxa de desemprego estava em ascensão em todas as regiões pesquisadas, com variações importantes entre elas. Tomando como referência a taxa de maio de 2014, a PED mostra elevação de 1,5% em São Paulo.[2]

O desemprego volta a constituir hoje, assim, uma situação clara e preocupante de vulnerabilidade psicossocial. De acordo com o economista Marcelo Proni (2013), há ainda outros grupos de trabalhadores em situação vulnerável no Brasil além dos desempregados, entre eles as pessoas privadas de um trabalho remunerado, as pessoas que exercem trabalho informal com rendimento mensal inferior ao mínimo legal e os trabalhadores que não contribuem para o Instituto de Previdência e recebem uma remuneração relativamente baixa, ainda que não inferior ao mínimo legal. Proni segue dizendo que "o desemprego, os baixos salários, a informalidade e a falta de proteção são problemas graves que afetam parcela significativa dos trabalhadores brasileiros" (p. 826).

É importante salientar que, no mercado de trabalho brasileiro, ao contrário do que ocorreu nos Estados de bem-estar social (que integram o que chamamos de Primeiro Mundo), o pleno emprego nunca fez parte da realidade – sempre houve uma parcela significativa da população fora dos vínculos formais de emprego, dedicando-se a ocupações desprotegidas e não reguladas, genericamente

---

2   Este número inclui tanto os trabalhadores sem emprego que buscaram trabalho nas semanas de referência da pesquisa – englobados pela Organização Internacional do Trabalho (OIT) na categoria de *desemprego aberto* –, quanto aqueles que, sem um emprego regular, procuram formas alternativas ao mercado formal para dar conta de sua subsistência ou ainda que, por diversos motivos, entre os quais o desalento, não procuraram emprego nas semanas de referência – englobados na categoria de *desemprego oculto*. Para dados mais detalhados das regiões pesquisadas, ver http://www.seade.gov.br/pesquisas--em-andamento/pesquisa-de-emprego-e-desemprego-ped/.

chamadas de informalidade. Pode-se mesmo dizer que a informalidade é uma questão de ordem estrutural no mercado de trabalho brasileiro, e o desemprego muitas vezes é evitado pela inserção na economia informal, o que pode ser uma solução para alguns e um mascaramento da situação de desemprego para outros, como indica a administradora de empresas Márcia Costa (2010).

Uma revisão da literatura sobre a temática do desemprego apresenta autores clássicos e contemporâneos que discutem, principalmente, questões macrossociais e políticas do desemprego: é o caso dos textos do brasileiro Ricardo Antunes (2010), do francês Didier Demazière (2006), do húngaro István Mészáros (2006); questões do impacto psicossocial do desemprego na vida das pessoas em situação de desemprego e, também, naquelas empregadas: vão nesse sentido as pesquisas dos espanhóis Juan José Castillo (1998) e José Luis Álvaro Estramiana (1992, 2012), dos brasileiros Antônio Carlos de Barros Júnior (2014), Celso Barros e Tatiane Oliveira (2009), Anete Farina e Tatiane Neves (2007), Marcelo Ribeiro (2010) e Belinda Mandelbaum (2009), e da argentina Cecília Moise (2000); e a questão da psicopatologia do desemprego, nos trabalhos da austríaca Marie Jahoda (1987) e dos brasileiros Edith Seligmann-Silva (1999) e João Bosco Feitosa dos Santos (2000).

2. Impactos psíquicos e sociais do desemprego

Nosso intuito específico aqui é o de nos debruçarmos sobre os impactos psicossociais decorrentes da situação de desemprego, fenômeno cujos efeitos se fazem visíveis na desestruturação do universo social. Há estudos clássicos acerca desse tema, como a pesquisa de Marie Jahoda nos anos 1930 e nos anos 1980 (1987), e estudos contemporâneos realizados em diversos países (Barros, 2014; Barros e Oliveira, 2009; Castel, 1991; Castillo, 1998; Dejours, 1999; Santos, 2000; Castelhano, 2006; Moise, 2000; Paul, 2005; Ribeiro, 2007, 2009; Seligmann-Silva, 1999; Mandelbaum, 2009), que têm se aprofundado no exame das determinações e consequências do desemprego, permitindo que surjam, a partir de suas observações, as dinâmicas psíquicas de cada pessoa, bem como dos vínculos entre elas, num terreno que obriga a pensar as relações entre a realidade material e a realidade subjetiva.

É importante notar que o emprego e o desemprego se configuram como categorias institucionalizadas modernas, enquanto o trabalho é atividade que acompanha os seres humanos

28 IMPACTOS PSÍQUICOS E SOCIAIS DO DESEMPREGO

desde a origem, ainda que com funções e relevâncias diferenciadas para as construções subjetivas e sociais, dependendo das épocas e dos lugares (Bendassolli, 2007). Ou seja, o emprego não é a única forma pela qual nos inserimos no mundo do trabalho. As pessoas podem ter seus próprios negócios, ou vínculos informais, sem carteira de trabalho assinada e sem direitos trabalhistas, podem viver de bicos, fazer trabalhos voluntários etc. No *site* do Instituto Brasileiro de Geografia e Estatística (IBGE, n.d.), encontramos que

> **trabalho** *significa a* **ocupação econômica remunerada** *em dinheiro, produtos ou outras formas não monetárias, ou a* **ocupação econômica sem remuneração,** *exercida pelo menos durante 15 horas na semana, em ajuda a membro da unidade domiciliar em sua atividade econômica, ou a instituições religiosas beneficentes ou em cooperativismo ou, ainda, como aprendiz ou estagiário.*

Empregados, pelo mesmo *site*, são aquelas pessoas que trabalham para um empregado ou mais, cumprindo uma jornada de trabalho, recebendo em contrapartida uma remuneração em dinheiro ou outra forma de pagamento (moradia, alimentação, vestuário etc.), têm registro em carteira e devem gozar, portanto, de direitos trabalhistas. Embora seja um dado muito difícil de precisar, dada a dificuldade de mapear o conjunto dos vínculos trabalhistas em nosso país – tanto pela falta de registro de parcela significativa da população economicamente ativa (PEA) como pela grande instabilidade nas relações de trabalho, devida às subsequentes crises econômicas e ao intenso trânsito entre o trabalho formal e o informal –, o emprego, em setores públicos ou privados, ocupa lugar de proeminência, correspondendo à forma de inserção no mercado de trabalho de, em média, 45% da população economicamente ativa no país em 2015. Quando o desemprego cresce, é um imenso contingente de trabalhadores que vê faltar, ou tem ameaçada, a base material da própria existência e a de seus familiares.

Para Robert Castel (2004), a segurança material e social no mundo capitalista advém da possibilidade de ter capital conseguido, basicamente, por meio de duas vias: de um, para as pessoas que possuem propriedade (riquezas), a segurança vem diretamente da posse de capital, e, por outro, para as pessoas que não têm propriedade, a segurança somente seria garantida via atividade de trabalho.

O desemprego, numa visão econômica clássica, tem sido entendido como um fenômeno temporário nas vidas dos trabalhadores empregados, gerado por um desequilíbrio pontual no mercado de trabalho, que logo deve ser sanado; ou como a escolha voluntária por uma vida sem o exercício de um trabalho assalariado; como uma situação gerada pela falta de oferta de trabalho em condições dignas; ou, ainda, como uma vicissitude do sistema capitalista, que necessita do seu exército de reserva, como apontou Karl Marx (1867/1980). É importante dizer que, no capitalismo, uma pequena parcela de desemprego é desejada, não é algo a ser totalmente eliminado, pois o mercado precisa de trabalhadores disponíveis para momentos de pico produtivo. Um bom exemplo disso é a necessidade de mão de obra temporária nas festas de Natal.

Genericamente falando, para Marcelo Ribeiro (2010), o desemprego pode ser explicado tanto por razões econômicas – dentre elas os processos de reestruturação produtiva, acirramento da revolução tecnológica, falta de ação do governo, exagero nos critérios de seleção e saturação do mercado formal – como por razões

30 IMPACTOS PSÍQUICOS E SOCIAIS DO DESEMPREGO

pessoais, como desqualificação, falta de vontade, idade avançada ou, ainda, pouca experiência.

Diante dos processos de flexibilização e precarização em curso no mundo do trabalho, as experiências e vínculos têm se modificado e, consequentemente, tem ocorrido uma diversificação quantitativa e qualitativa das formas do desemprego, ampliando o espectro de sua definição e dos seus impactos na sociedade. Assim, se o desemprego tradicionalmente se constituiu como questão econômica e política, passou nas últimas décadas a suscitar e demandar análises psicossociais para a compreensão multidimensional do fenômeno em questão, ou seja, à noção econômica de desemprego como perda temporária do emprego ou para a formação de um exército de reserva no mercado de trabalho, soma-se a visão do desemprego como fenômeno psicossocial, em função da diversificação das experiências de desemprego e da consequente emergência multifacetada do papel social de desempregado.

Corroborando a constatação da multidimensionalidade do fenômeno do desemprego, Didier Demazière (2006) propõe sua análise a partir de duas maneiras genéricas: uma dimensão normativa-institucional (explicação objetiva e formal), mais tradicional, e uma dimensão biográfica-subjetiva (explicação psicossocial), mais contemporânea, sintetizadas ambas por Marcelo Ribeiro (2010):

a) *Dimensão Normativa-Institucional do Desemprego*

A dimensão normativa-institucional, [recorrendo a] uma explicação objetiva e formal, vê o desemprego como fenômeno estrutural da economia (privação do emprego – voluntária ou involuntária, gerando a falta de salário e o rompimento da trajetória de trabalho).

*O desemprego seria, então, a condição das pessoas em si-
tuação involuntária de não trabalho por falta de oportunidades (desemprego oculto por desalento) ou que estejam exercendo trabalhos irregulares (desemprego oculto
por trabalho precário), ambos com desejo de mudança,
ou seja, demandantes de um emprego ou trabalho. Tem
o objetivo formal de criar regras gerais para a definição
do desemprego e da pessoa em situação de desemprego.*

b) Dimensão Biográfica-Subjetiva do Desemprego

*A dimensão biográfica-subjetiva, através de uma expli-
cação psicossocial, vê o desemprego como um fenômeno que gera instabilidade e invisibilidade social, criando uma identidade estigmatizada de desempregado.
O desemprego seria, assim, a condição das pessoas em
situação involuntária de não trabalho ou de trabalhos
irregulares e descontínuos, que vivem uma paralisia em
suas vidas pela atribuição do estereótipo de desempregado como categoria social que constrói uma identidade e uma representação social da pessoa em situação de
desemprego, deixando-a sem possibilidade de ação sobre
o mundo (p. 338).*

A sociedade capitalista contemporânea propõe, em geral, duas
saídas para a situação de desemprego: o assistencialismo, que coloca o desempregado numa posição de vulnerabilidade psicossocial, e/ou a estigmatização, que coloca o desempregado na posição de "vagabundo", ambos localizando o problema da situação de
desemprego na própria pessoa. Essa é uma concepção que varia

32 IMPACTOS PSÍQUICOS E SOCIAIS DO DESEMPREGO

entre diferentes grupos sociais, alguns que tendem a colocar mais o problema na pessoa, outras que entendem o desemprego como um problema social. No Brasil, a culpabilização individual do desempregado por sua situação tem se mostrado a explicação mais frequente, como aponta Marcelo Ribeiro (2009).

Diante desse quadro, vê-se que o desempregado assume um papel social reconhecido como "desempregado" e vivencia um processo de dessocialização progressiva, o que em geral busca enfrentar por meio de três saídas possíveis (Ribeiro, 2010).

A primeira e mais comum alternativa diante da situação de desemprego é a busca das saídas tradicionais, ou seja, a procura de empregos em jornais, *sites* e agências de intermediação de mão de obra públicas e/ou privadas (algumas delas estão indicadas ao final do livro).

A segunda alternativa, principalmente diante do fracasso em retornar ao mundo do trabalho por meio de um emprego, seria uma reação de passividade e resignação fatalista que encontra três expressões básicas: (1) a desesperança que acompanha a vivência de desfiliação, conforme aponta Robert Castel (2009), em função da impossibilidade de trabalhar, gerando uma fragilidade vincular associada a uma privação material que coloca a pessoa numa vivência de solidão e a impede de reagir, pela crença de que não há o que fazer; (2) a violência, ou seja, a busca de estratégias que necessitam da violação da lei para acontecerem; e (3) a adaptação instrumental, por meio da qual a pessoa ingressa numa trajetória descontínua de trabalhos temporários e desconexos que garantem minimamente a sobrevivência material, mas deixam a vida de trabalho desprovida de sentido.

E a terceira alternativa possível seria a resistência, com a tentativa de construção de estratégias de geração de trabalho e renda para além do emprego, por meio de oportunidades geradas pela rede de relacionamentos, por instituições de apoio ao trabalho ou programas oferecidos por políticas públicas, por exemplo, por meio da constituição de cooperativas de trabalho ou empreendimentos individuais.

Todas essas saídas são potencialmente geradoras de sofrimento psicossocial e produzem impactos nos desempregados associados com a degradação do laço social, a formação de patologias individuais e/ou coletivas produzidas pela frustração, a precarização da função do trabalho na vida, a instauração de patologias próprias da condição de desemprego, a degradação da pessoa, o isolamento social, transtornos identitários, a ruptura de vínculos, a desconstrução de projetos de vida e, no limite, o adoecimento físico.

Para o filósofo Guillaume Le Blanc (2007), a atividade reconhecida de trabalho é um dos mediadores psicossociais da tensão contínua existente entre a vulnerabilidade e a autonomia, conferindo autonomia e visibilidade social às pessoas, o que nos faz inferir que, diante da situação de desemprego e da consequente precarização sociolaboral associada, emerge uma condição clara de vulnerabilidade psicossocial que impede a autonomia, instaura uma vivência de sofrimento psíquico e é propícia a sentimentos de humilhação gerados pela invisibilidade social – uma condição de humilhação social, nos termos que propõe o psicólogo social José Moura Gonçalves Filho (1998), ou seja, uma situação de impedimento para sua humanidade, sendo este um fenômeno ao mesmo tempo psicológico e político. Uma situação que, portanto, retira a capacidade de ação das pessoas, no sentido que a filósofa Hannah Arendt (1958/1987) atribui a *ação*, deixando-as sem voz (dimensão política) e sem rosto (dimensão social), produzindo des-identidade e des-socialização.

A psicóloga social Marie Jahoda (1987), que estudou as consequências sociopsicológicas do desemprego em dois contextos tão distintos quanto a Europa dos anos 1930 e dos anos 1980, inicia o seu trabalho falando da dificuldade de se chegar a uma definição única do que seja desemprego: ele varia entre os países e entre as épocas, mesmo em seus aspectos legais. Para os fins de sua pesquisa, ela considera desempregada a pessoa que, num dado momento, encontra-se sem emprego embora quisesse tê-lo ou que, quando não tem um posto de trabalho, depende de um auxílio econômico para subsistir.

Marie Jahoda adota, como referencial para a compreensão das consequências sociopsicológicas do desemprego, o modelo da privação. O que esse modelo sugere é que as consequências da perda do emprego podem ser interpretadas a partir das funções que ter um emprego desempenha, ou seja, o ganho de um salário, a imposição de uma estrutura temporal, o estabelecimento de vínculos pessoais e de experiências compartilhadas fora da família, a proposição de objetivos que transcendem o indivíduo, situando-o numa dimensão coletiva mais ampla, a atribuição de um *status* e de uma identidade social e a obrigação de manter um certo nível de atividade. O emprego, enquanto modalidade historicamente determinada do trabalho, tem, para Marie Jahoda, um caráter constitutivo da subjetividade humana, na medida em que os seres humanos, por meio dele, não só produzem coisas, mas produzem a si mesmos no processo.

Marie Jahoda não diferencia, tal como o faz Hannah Arendt (1958/1987), *labor* de *trabalho* – o *labor* como conjunto de atividades repetitivas e rotineiras que tem como finalidade a reprodução e continuidade da existência, consumido logo que é produzido sem deixar nada para trás (o que os seres humanos compartilham com os animais, transformando-os em *animal laborans*) –, e o *trabalho* como atividade especificamente humana e com finalidade definida, por meio da qual se produz o mundo, que depende da capacidade humana de criar coisas novas e duráveis e, por conta disso, transforma o ser humano em *homo faber*. Ressaltamos essa diferença porque os produtos do *labor* e do *trabalho*, em sua ampla diversidade de campos, têm diferentes impactos nos processos de constituição subjetiva, a depender, dentre outros fatores, do investimento pessoal, da satisfação e do reconhecimento que se pode encontrar em sua realização, matizando de formas variadas as experiências de trabalho, emprego e desemprego.

Marie Jahoda investiga as diferentes experiências subjetivas produzidas pela realidade objetiva do desemprego – os sentidos gerados, para os indivíduos, a partir da perda do conjunto de elementos constitutivos de sua identidade outrora providos pelo trabalho –, no interjogo entre as ações e experiências das pessoas e o contexto social em que ocorrem, na íntima interdependência entre os destinos pessoais e a estrutura social. Ela busca descrever certos aspectos comuns à diversidade das experiências: para além das consequências estreitamente ligadas ao empobrecimento material, Marie Jahoda observa outras em que tal ligação não é tão evidente, ou seja, nas quais a conexão com a perda do emprego – enquanto conjunto de atividades com implicações psicológicas e sociais – parece ser mais visível do que com a perda de poder aquisitivo. São elas: a perda da estrutura temporal habitual e do sentido do tempo; a falta de objetivos, de um sentido de finalidade; a exclusão de uma sociedade mais ampla, um relativo isolamento social e a perda do sentido de identidade produzido por meio do trabalho. Indo ao encontro das observações de Marie Jahoda em relação à importância que ela confere ao emprego – e ao trabalho de modo geral – para a constituição subjetiva e para a manutenção de certo equilíbrio psíquico, Sigmund Freud, numa longa nota de rodapé ao texto *O mal-estar na civilização* (1930), diz:

Não é possível, dentro dos limites de um levantamento sucinto, examinar adequadamente a significação do trabalho para a economia da libido. Nenhuma outra técnica para a conduta da vida prende o indivíduo tão firmemente à realidade quanto a ênfase concedida ao trabalho, pois este, pelo menos, fornece-lhe um lugar seguro numa parte da realidade, na comunidade humana. A possibilidade que essa técnica oferece de deslocar uma grande quantidade de componentes libidinais, sejam eles narcísicos, agressivos ou mesmo eróticos, para o trabalho profissional, e para os relacionamentos humanos a ele vinculados, empresta-lhe um valor que de maneira alguma está em segundo plano quanto ao de que goza como algo indispensável à preservação e justificação da existência em sociedade (p. 99).

Trabalho como fonte de subsistência, em pelo menos dois sentidos: asseguramento das condições materiais necessárias à manutenção da vida pessoal e dos dependentes, mas também das condições materiais e sociais nas quais são possíveis a expressão e realização da identidade pessoal e a manutenção de certo equilíbrio psíquico que depende de um ordenamento temporal e das possibilidades de deslocamento de componentes libidinais que encontram no trabalho, particularmente no trabalho realizado por livre escolha, amplas possibilidades de sublimação.

O psiquiatra e psicanalista francês Christophe Dejours (1999), fundador do campo da Psicodinâmica do Trabalho, em seu estudo sobre as relações entre os seres humanos tal como se dão no campo do trabalho sob a égide do sistema neoliberal, mostra como a perda do trabalho impõe um processo de dessocialização progressiva que ataca os alicerces da identidade, na medida em que o reconhecimento pelo trabalho, de seus produtos e obras, pode ser reconduzido pelo sujeito ao plano de construção de sua identidade. Trabalhar, para esse autor, não se restringe apenas à atividade de produção, mas é inserção numa experiência coletiva de construção de sentidos sobre o mundo, o trabalho e si próprio. O trabalho de Christophe Dejours mostra como a realidade do desemprego cria, mesmo para os que estão empregados, uma situação de precarização e de permanente ameaça da qual o coletivo dos trabalhadores defende-se por meio de estratégias individuais e coletivas de defesa contra a percepção do próprio sofrimento e do sofrimento alheio, particularmente daqueles que estão excluídos do mundo do trabalho. Por meio dessas estratégias, os indivíduos, coletivamente, consentem em submeter-se e são agentes de uma verdadeira "máquina de guerra econômica" (p. 16), que torna desempregada uma parcela cada vez maior do conjunto de trabalhadores.

A investigação de Christophe Dejours é feita a partir de estudos psicodinâmicos na situação de trabalho, que envolvem observações de campo e entrevistas individuais e coletivas, compreendendo os sujeitos como aqueles que vivenciam afetivamente a situação em questão. O campo de afetividade que Christophe Dejours investiga é aquele que emerge do conflito gerado pelo sofrimento real imposto pelas condições de trabalho, por sua precarização e pela situação constante de ameaça e medo, conflito frente ao qual o coletivo dos trabalhadores desenvolve defesas, como dissemos, com o fim de evitar o contato com o próprio sofrimento e o sofrimento do outro. Dentre exemplos dessas defesas, o autor menciona a indiferença frente ao outro; a frieza com que um trabalhador pode, se sua função o determinar, demitir um subordinado, sendo ambos, indiferença e frieza, tidos como sinais de virilidade no desempenho funcional (o chamado cinismo viril); a dissociação entre adversidade e injustiça; o ocultamento do sofrimento e das condições ruins de trabalho; a valorização da normalidade; o vício em trabalhar; a supressão do desejo; a valorização da insensibilidade; e a individualização das relações de trabalho.

A competição desmedida e indiferente aos destinos de colegas é outra vertente do que o autor nomeia de *banalização da injustiça social*, inspirado na expressão que Hannah Arendt cunhou – *banalidade do mal* – para referir-se àqueles funcionários da máquina de extermínio nazista que participaram de atrocidades não necessariamente porque eram maus ou doentes, mas porque acreditavam que este era o seu dever, que deviam cumprir ordens superiores, movidos pelo desejo de ascender em sua carreira profissional, dentro de uma lógica burocrática. Cumpriam ordens sem questioná-las, com o maior zelo e eficiência, sem refletir sobre o bem ou o mal que pudessem causar. Christophe Dejours pensa que esse mesmo fenômeno encontra-se em operação em sociedades capitalistas regidas pelo funcionamento do mercado, que se sobrepõe às necessidades humanas no chamado realismo econômico. As pessoas estão a serviço do mercado, e não o contrário.

Robert Castel (1991), em *Da indigência à exclusão, a desfiliação: precariedade do trabalho e vulnerabilidade relacional*, pensa o problema do desemprego "na conjunção de dois vetores: um eixo de integração/não integração pelo trabalho e um eixo de inserção/não inserção em uma sociabilidade sócio-familiar" (p. 23), mostrando como o desempregado, para além de sua exclusão do mundo do trabalho, "exprime um modo particular de dissociação do vínculo social" (p. 22). O que Robert Castel enfatiza é que o desemprego lança os homens numa situação de fratura com o social, de ruptura dos vínculos de sociabilidade, para além das privações materiais impostas pelo empobrecimento decorrente dessa condição. Ao definir esses dois eixos entrecruzados, Robert Castel mostra como a intensidade da ruptura com o social e do isolamento do desempregado vai depender das redes familiares e sociais que irão garantir, ou não, a inserção do trabalhador excluído ou em relação precária com o mundo do trabalho, em alguma forma de sociabilidade. E, nesse sentido, a tragédia de nossos dias parece advir de uma situação na qual, à precariedade e falta de vínculos de trabalho, soma-se uma crise da família enquanto grupo social capaz de conter e garantir a inserção social do desempregado. Robert Castel (1991) conclui que:

> *É preciso se esforçar por compreender estes seres de carne e osso, de sangue e de sofrimento, a partir do duplo processo que os constitui: aquele que vai da integração à exclusão na ordem do trabalho e aquele que vai da inserção ao isolamento na ordem sociorrelacional (p. 28).*

O psicólogo organizacional Karsten Paul (2005) realizou uma ampla pesquisa com uma importante análise transversal e longitudinal de dados de 237 estudos publicados em diferentes países ocidentais sobre os impactos na saúde mental decorrentes do desemprego, num total de aproximadamente 500 mil participantes. Ele chega à conclusão de que o desempregado tem o dobro de probabilidade de experimentar sofrimentos mentais, que são agravados com a extensão temporal da situação de desemprego.

O engenheiro e psicanalista Antônio Carlos de Barros Júnior (2014), que em sua tese de doutorado estudou a vivência subjetiva do desempregado nas redes sociais virtuais contemporâneas, concluiu que sujeitos desempregados usam o Facebook e o LinkedIn na busca de tamponar a ferida narcísica de sua imagem frente ao outro que o desemprego representa, fazendo-o por meio da cons-

40 IMPACTOS PSÍQUICOS E SOCIAIS DO DESEMPREGO

trução seletiva de imagens de si que publicam com vistas a eliminar seu sofrimento.

Marcelo Ribeiro (2007) traçou um paralelo entre experiências de ruptura de crises psicóticas e as novas vivências de ruptura sofridas pelas pessoas na contemporaneidade, especificamente em função do desemprego, constatando que

> *esse processo gera uma experiência psicossocial de ruptura biográfica semelhante em ambos os casos (guardadas as devidas especificidades) pela desfiliação, pela perda da referência no mundo das significações existentes, pela construção de trajetórias descontínuas de vida e pela necessidade de (re)estruturar laços sociais num mundo que dificulta essa ação (p. 75).*

E, no limite desta vivência, o economista João Feitosa dos Santos (2000), a psicóloga Cecilia Moise (2000) e a médica Edith Seligmann-Silva (1997, 1999) descrevem patologias geradas pela situação de desemprego. O primeiro realizou pesquisa com trabalhadores desempregados que frequentavam os pátios do Sistema Nacional de Emprego (SINE) do Ceará, local em que pôde conversar longamente com as pessoas que lá iam todos os dias em busca de uma colocação profissional. Seu intuito, como ele diz, era "compreender a questão do desemprego sob a óptica do desempregado" (p. 15), "realizar um estudo subjetivo de uma categoria social" (p. 25). As entrevistas – que segundo os depoentes funcionavam como espaços de reflexão, de "terapia" – revelaram, a um pesquisador sensível à experiência vivida por eles, o sofrimento desencadeado pelo desemprego, o sentimento de exclusão, de "interrupção de um percurso", de perda, muitas vezes de choque e de impossibilidade de pensar, mas também as estratégias de sobrevivência e o papel das redes familiares e sociais como suporte de enfrentamento. Nessas entrevistas, os trabalhadores podiam relembrar suas histórias de trabalho e demissão e as repercussões dessas experiências em seu mundo pessoal, em seus sonhos, em suas famílias e em seus grupos de convivência. Após explicitar e descrever os sentimentos percebidos e tratados em sua convivência com os desempregados – a desorientação, o medo, a vergonha, o desgaste, a frustração, a violência, a indignação, a irritabilidade, a tristeza, a humilhação, a solidão, a incerteza, a inutilidade, a depressão, o fracasso, a culpa –, ele propõe o conceito de *síndrome subjetiva do desemprego*, referindo-se a essa "pandemia da contemporaneidade" desencadeada pelo desemprego, um "sofrimento que se transforma em agravos à saúde de seus reféns" (p. 290), "uma coletânea de problemas funcionais, com ou sem substrato orgânico" (p. 292), cujos agentes etiológicos seriam os sentimentos mencionados anteriormente.

Cecilia Moise (2000) fala que o desemprego gera a formação de verdadeiras patologias coletivas da frustração, com as quais as pessoas se sentem responsáveis pelo seu *status* de desempregado, não se percebem capazes de garantir suas necessidades fundamentais e, ao se sentirem extremamente desprotegidas, vão se afastando das relações sociais e ocupando uma posição marginal na sociedade, o que, em geral, redunda em sofrimento mental.

Edith Seligmann-Silva (1999) fala em patologias do desemprego e descreve situações extremas causadas pela situação de desemprego, na chamada síndrome do desemprego de longa duração (DLD), que gera efeitos como isolamento social, apatia, embotamento afetivo, psicose, depressão, insônia, empobrecimento e, no limite, desejo de morte.

Mas não devemos nos esquecer de que o desemprego é um fenômeno da esfera social e afeta o social, e é do nosso interesse não reduzi-lo a um sofrimento pessoal. O estudo do impacto do desemprego na vida de homens e mulheres constitui-se num território privilegiado para a investigação do lugar que cabe ao real na constituição da vida psíquica. Porque, sem dúvida, a situação de desemprego traz para os implicados uma urgência por realizar uma elaboração que leve em consideração tanto os assim chamados dados subjetivos da biografia pessoal quanto os dados da assim chamada realidade externa. Nesse terreno, no estudo do fenômeno do desemprego e suas consequências psíquicas, subjetivar em demasia é, para além de cometer um grave erro de investigação, produzir uma falsa ideologia cujo único resultado seria trazer consigo a legitimidade de um estado de coisas que ofusca a compreensão e transformação do real. É muito comum ouvirmos que só fica desempregado quem quer, e que quem quer trabalhar arruma emprego. Os próprios desempregados e seus familiares muitas vezes atribuem a demissão exclusivamente a problemas ou erros pessoais. Dessa forma, o desemprego torna-se um problema pessoal e individual, e é o desempregado que deve arcar com a culpa e se responsabilizar por superar sua condição. Isso é parte de uma ideologia que atravessa o trabalhador, sua família e o social mais amplo. Há todo um mercado de ofertas de cursos e diplomas que iludem com a ideia de que, se as pessoas os comprarem, terão mais chances de conseguir emprego. Tudo isso ofusca a realidade de que o desemprego é parte necessária do funcionamento da economia no sistema capitalista. Não apenas ele é cada vez mais produzido pela automação e informatização da indústria e dos serviços, como, tal como já mostrava Karl Marx (1867/1980), o capitalismo depende da existência de um exército de trabalhadores de reserva que garantem os baixos salários e fragilizam as reivindicações dos trabalhadores.

Assim, o desemprego é fundamental para o sistema capitalista, é estrutural, é parte do sistema, é necessário para a própria existência e o bom funcionamento da máquina capitalista, evidentemente com índices flutuantes dependendo do cenário produtivo a cada momento. E isso faz parte da elaboração necessária que cada trabalhador e sua família precisam fazer diante do desemprego. De outra forma, a culpabilização do trabalhador e da trabalhadora pela sua condição de desempregado torna-se mais uma das formas pelas quais ele é violentado e, quando a família culpabiliza, ela no mais das vezes reproduz em seu interior a violência do social.

É bem verdade que a família, de algum modo, é violentada quando um de seus membros se vê excluído da esfera do trabalho, mas é também a própria família um dos espaços privilegiados para a emergência de estratégias possíveis para o enfrentamento dessa situação. A família pode oferecer-se como um espaço de elaboração diante da violência do real, que impeça os seus membros de sucumbir a ela. Mas, levamos em consideração também que o espaço familiar pode ser plenamente contaminado por essa violência e repetir em seu interior, em todas as situações do cotidiano familiar, a mesma violência executada em seu exterior, promovendo o pesadelo de legitimar o lugar da incapacidade para a execução de funções sociais de seus membros. Estudos que tratam da questão do impacto da perda de emprego na família apontam fenômenos tais como a elevação do nível de conflito, tensão e estresse, perturbações emocionais que atingem todos os membros da família, e o aumento da frequência de separações, divórcio e violência domés-

44 IMPACTOS PSÍQUICOS E SOCIAIS DO DESEMPREGO

tica.[1] Muitos estudos apontam também para a urgência de serviços de atendimento psicológico e social que ofereçam suporte para essas famílias.[2]

---

[1] Para um levantamento detalhado de dados estatísticos que relacionam desemprego e conflitos familiares, ver: Dew, M. A. (1991). Effects of unemployment on mental health in the contemporary family. *Behavior Modification*, *15*(4), 501-544; Price, R. H. (1992). Psychosocial impact of job loss on individuals and families. *Current Directions in Psychological Science*, *1*(19), 9-11; Schwebel, M. (1997). Job insecurity as structural violence: implications for destructive intergroup conflict. *Peace and Conflict: Journal of Peace Psychology*, *3*(4), 333-351.

[2] Ver, por exemplo, Hoffman, W. (1991). Initial impact on plant closings on automobile workers and their families. *Families in Society*, *72*(2), 103-107; Jones, L. (1991). Unemployed fathers and their children: implications for policy and practice. *Child and Adolescent Social Work Journal*, *8*(2), 101-116.

3. Escutando desempregados

Entre 2000 e 2004, desenvolvemos um projeto de pesquisa (Mandelbaum, 2004) com trabalhadores desempregados pobres, com baixa qualificação formal, que buscaram um Centro de Referência em Saúde do Trabalhador (CRST) na cidade de São Paulo a fim de comprovarem sua incapacidade física para o trabalho – uma incapacidade cujo vínculo com um trabalho anterior eles buscavam atestar, para retirar daí alguma compensação financeira que os ajudasse a sobreviver, na falta de trabalho. Eram homens e mulheres que buscavam atestar suas incapacidades para conseguir fazer valer um direito trabalhista, ou uma aposentadoria por invalidez. Ou seja, num cenário de alto índice de desemprego, diante da impossibilidade de conseguir qualquer emprego que garantisse a sobrevivência própria e dos seus, eles buscavam comprovar a incapacidade para qualquer trabalho. Junto com os/as profissionais do próprio Centro de Referência, colocamo-nos o desafio de estabelecer algum espaço de escuta com esses trabalhadores desempregados – um contexto que se constituísse como lugar de reflexão sobre os seus próprios modos de funcionar diante da situação de desemprego que os afligia. A

46 ESCUTANDO DESEMPREGADOS

proposta que levávamos, de um trabalho de intervenção e pesquisa não apenas junto aos trabalhadores, mas também a suas famílias, foi acolhida no CRST com receptividade e interesse, pois o problema do desemprego já era, para a equipe que lá trabalhava, fonte de preocupações. Embora, como dissemos, o Centro tivesse como objetivo cuidar de trabalhadores sempre que se diagnosticasse o nexo entre doença e trabalho, o que fazer com os trabalhadores desempregados que, em número crescente, batiam à porta, grande parte das vezes interessados em atestar o nexo entre seus sofrimentos físicos e/ou psíquicos e seus trabalhos anteriores, de forma a garantirem seus direitos trabalhistas, seja de reinserção no local de trabalho, de afastamento ou de aposentadoria por invalidez? O que fazer também com todos aqueles que, em decorrência do desemprego, viam deteriorada sua condição geral, física e psíquica?

Num primeiro momento, acreditamos que estar diante das famílias com nossas intenções de investigação e munidos de nossa experiência na clínica psicanalítica, bem como de um punhado de leituras sobre o fenômeno do desemprego, seria suficiente para acolher e propor algo de valia para cada uma delas. A realidade mostrou-nos que não era bem assim. Em primeiro lugar, elas não queriam muito refletir sobre si ou, melhor dizendo, elas queriam refletir em busca de um trabalho, serem lançadas para uma situação de maior inserção social, onde pudessem ter o que refletir. Diversas famílias que tivemos a oportunidade de conhecer iniciavam o primeiro encontro perguntando se teríamos algum emprego para oferecer:[1]

---

1 A fim de proteger o anonimato das pessoas que atendemos durante o nosso trabalho, os nomes aqui referidos são fictícios.

Será que vocês vão poder ajudar... a gente queria uma orientação em relação ao seguro-desemprego, e também pra arrumar emprego. (Milton, 28 anos)[2]

Vocês têm uma forma de ajudar, assim, a pessoa?... ou é só orientação? (José Américo, 48 anos)[3]

Minha filha não pôde vir, foi fazer uma entrevista numa firma. Vocês têm condições de ver um emprego pra ela? (Lurdes, 48 anos)[4]

Logo de cara, nós as frustrávamos. Não, infelizmente, não tínhamos trabalho para lhes oferecer. Pelo menos, não aquele que elas tanto ansiavam. Nós queríamos era trabalhar com elas sobre elas. Mas essa nossa expectativa marcava, antes de mais nada, a enorme distância entre o que elas queriam e precisavam e o que nós podíamos oferecer. Imediatamente, então, nós passávamos a fazer parte, para elas, de todo esse mundo abstrato e complexo que as deixa entregues a si sós. Nós dissemos a algumas das famílias:

---

2   Milton compareceu à entrevista com sua mãe, Maria Rita. O pai de Milton é falecido e ele vive com um irmão, também solteiro, no mesmo quintal que uma irmã casada, mãe de um bebê de 1 ano e meio. A mãe de Milton mora num sítio situado num bairro periférico, junto com outro irmão seu, mais velho, apresentado como deficiente mental.

3   José Américo compareceu à entrevista com sua esposa, Joana, de 28 anos, e quatro filhos pequenos: uma menina de 6 anos, dois meninos gêmeos de 3, e um bebê de 1 ano e meio. Esta é a sua segunda família. A primeira mulher e os filhos, já adolescentes, vivem em outra cidade.

4   Lurdes compareceu à entrevista com seu marido, José Augusto, de 59 anos. Este é seu segundo marido. Com o primeiro, falecido, ela teve dois filhos: um rapaz que, aos 20 anos, morreu num acidente de moto, e a filha, hoje com 29 anos, cursando pós-graduação, que vive com Lurdes e José Augusto.

> *A gente não tem condições de estar arrumando emprego, mas a gente vê que tem muitas famílias que estão sofrendo muito em função do desemprego. Então, é isso que a gente quer estar acompanhando, as pessoas que estão desempregadas, a situação familiar, e ver se, conversando, pensando junto, a gente pode ajudar de alguma forma.*

Apesar de frustrá-las, sentíamos também que nossa tentativa de nos dirigir ao sofrimento que viviam fazia sentido para elas. Aprendemos, então, que o desemprego significava, para cada uma dessas famílias, a explicitação de uma ferida real. Isso quer dizer que, numa realidade tão carente, cheia de fraturas na história cultural, na biografia pessoal e na sociabilidade com o entorno – mesmo quando em atividade de trabalho –, a interrupção do precário salário mensal resulta numa urgência de fazer frente à situação que acaba por capturar a vida de cada um dos implicados por inteiro numa situação existencial onde tudo é concreto. Nenhum dos membros das famílias com que tivemos oportunidade de entrar em contato diziam "estou pensando que" ou "acho que". Todos falavam o que fazem, mesmo quando sentiam que não fazem nada. Veem televisão, mandam currículos, cuidam das crianças, passam o dia em casa. Exemplos dessa situação de encerramento a que o desemprego parecia lançá-los não faltam. Assim, disse uma mãe:[5]

> *Ivone: Porque assim, fica todo mundo parado, sem serviço, dá aquele nervosismo dentro de casa. Uma moça de*

---

5   Ivone, 55 anos, mãe de Patrícia, 21 anos, desempregada. Compareceram a esta entrevista, além delas duas, o irmão menor de Patrícia, Pedro, de 7 anos. Fazem parte ainda da família o pai, trabalhador autônomo, um irmão mais velho, que está por se casar e já trouxe a noiva para viver com a família, uma irmã de 19 anos, também desempregada, e uma irmãzinha de 8.

19 anos, ela de 21. Não têm dinheiro nem pra poder sair, então, fica aquela situação meio chata, né? Quer sair, não pode sair, não pode pedir pro pai. Chega fim de semana, só em casa, nem na casa da avó, nem nada.

Patrícia: Só dentro de casa, a gente fica naquele mundinho fechado, sabe?... A gente inventa... televisão, a gente ajuda os menores com a lição.

Encerrados em si próprios e no território familiar, o trabalho psíquico parece restringir-se a uma certa adaptação para ocupar uma vida violentamente contraída:

Eu acordo tarde, arrumo as coisas da casa e vejo TV. Não saio de casa. Pra quê? Ficar perdendo tempo com o pessoal da rua? Além do mais, se sair, é pra ir no bar, e no bar tem que beber. Eu não quero beber, prefiro ficar em casa. Tem gente na rua que não me vê saindo durante dias, pergunta: "Você viajou?" Eu digo: "Não, tava em casa". Sair, pra quê? Agora, faz quinze dias, estou começando a mandar currículos de novo pras firmas. (Milton)

A vida de trabalho traz consigo uma possibilidade de transitar entre mundos – entre o familiar e o social, entre o particular e o coletivo. Quando ela cessa, o trânsito deixa de ocorrer e o social afasta-se para um horizonte além das possibilidades dos que estão sem trabalho. Perdendo-se o trabalho, perde-se também o trânsito pelo coletivo. Disse o Sr. José Augusto:

50 ESCUTANDO DESEMPREGADOS

O duro é que todo dia é a mesma coisa. Quando você trabalha, chega fim de semana, é uma maravilha! Descansa, chama os amigos, faz um churrasco. Depois, segunda-feira é um horror, acorda cansado da farra do domingo [ri] e vai trabalhar. Mas, quando você tá desempregado, que bom seria acordar na segunda-feira e ir trabalhar! Mas, não. Todos os dias é a mesma coisa, não tem segunda, não tem terça, nem fim de semana. Você sabe que acorda e tem mais um dia pela frente. Agora, é uma questão de acostumar, eu digo pra ela [esposa]. É o mesmo quando você muda os móveis da casa de lugar: de início, você entra e estranha, tava acostumado de outro jeito. Mas, aos poucos, vai acostumando. É o mesmo com a mudança de rotina, com a perda do emprego. Precisa acostumar.

Para o Sr. José Augusto, a vida de trabalho contraiu-se em lembrança, da qual faz parte algo assim como uma esteira sobre a qual desfilam, num fluxo rotineiro, as segundas, terças, quartas, quintas, sextas, sábados e domingos. Ele perdeu a esteira, perdeu a rotina diária, mas não ganhou a liberdade. O tempo mostra-se assustadoramente desempregado, tal como ele: parado, estático. É essa apresentação do tempo que assusta o Sr. José Augusto. E talvez assuste tanto que ele prefere lembrar de uma mudança espacial, da alteração nos móveis da casa, para dar a entender que a gente, ao final, se acostuma. Mas o que é acostumar-se nessa experiência do tempo?

O desemprego faz emergir uma solidão que parece ameaçar a identidade de cada um dos implicados. Isolados, esse mote que o Sr. José Augusto enuncia – "aos poucos, a gente vai acostumando" – parece suscitar um movimento no qual são mais conduzidos do que propriamente sujeitos de sua ação. É o patrão que manda embora e é Deus que vai ajudar. É a vida que se agita com uma força e uma violência tão imensas que, se já se era pequeno quando inserido no mundo produtivo, agora se é tão ínfimo que tudo o que resta a fazer é ir tocando o que aparecer no pequeno mundo a que se ficou restrito.

> *Olha, em casa, sempre tem alguma coisa pra fazer, então a gente tá sempre... modo de dizer, uma pintura, uma reforma... (Ezequiel, 52 anos)*[6]

> *Eu limpo a casa. Às vezes, vêm as colegas lá, eu gosto que a casa esteja agradável. Sou pobre, mas não sou porca. São coisas diferentes. (Margarida, 44 anos)*

> *A gente não aguenta ficar em casa. Eu saio, dou a ronda, vou na casa do meu tio, passo no bar, jogo um dominó. (João, 47 anos)*

> *Eu também saio, não posso ficar em casa. (Antônio, 48 anos)*[7]

O real parece ser uma prisão, e os sujeitos demitidos não o são apenas de seu trabalho, mas também de si próprios, de sua condição humana, de seu ir e vir e de seu exercício reflexivo. Obviamente que estas nossas reflexões foram motivadas pelas dificuldades

---

6   Ezequiel compareceu à entrevista com sua esposa, Inês (47 anos). O casal vive com cinco filhos e cinco netos numa casa que foram ampliando para abrigar os filhos à medida que estes iam casando.

7   Margarida, João e Antônio são irmãos. Os três são solteiros e vivem juntos. Vive também com eles uma quarta irmã, também solteira, que trabalha como empregada doméstica.

que tivemos para obter uma disponibilidade das famílias para a continuidade de nossos encontros, depois de uma primeira entrevista. Mas isso não quer dizer que elas estavam erradas e nós, certos. Elas tinham que encontrar uma saída, e uma saída, nesse caso, não era metáfora de nada. Era conseguir um punhado de reais por mês que garantisse a sustentação do precário barraco onde se vive, da carcaça de frango que se come, da reposição de móveis que a chuva estraga.

> *Fico chateada, né, porque não posso ajudar em casa. A casa da gente fica num barranco. Quando chove, umedece todas as paredes, porque quando nós compramos o terreno, já tinha uma pequena casa, que nós ocupamos, mas feita de barro. Quando chove, fica aquele mofo, molha tapete... Quando eu trabalhava, eu ia comprando material, porque a gente tava fazendo paredes de cimento. Tinha que dar uma ajeitadinha lá em casa. Agora, não dá. (Patrícia)*

> *Agora, só resta a gente rezar a Deus. A sorte é que a gente não tem que pagar aluguel. O aluguel acaba com a gente. O terreno em que a gente vive foi um outro irmão nosso que comprou. Daí, nós fomos construindo. A gente vivia da carcaça do frango pra poder construir, mas construímos. Comíamos carcaça, pé de frango... (Margarida)*

> *A situação de quem está empregado já está difícil. Realmente, nós sabemos que a inflação está devorando o pessoal. E quem está desempregado, pior ainda, né? Pela graça de Deus, ela continua recebendo uma parcela*

desse tal de renda mínima. No momento, do que nós estamos sobrevivendo é com isso. Mês que vem, agora, é a última parcela do meu seguro-desemprego, depois só Deus sabe o que vai acontecer... o dinheiro da indenização, os mil e trezentos reais, eu tive que desmanchar uma parte da nossa casa que era de madeira e, quando chovia, entrava água dentro de casa, a madeira já tava caindo, tinha uma parte inteira que praticamente já tinha caído, aí eu comprei o material e construí a parte de madeira em tijolo. Quem é dispensado, tem que pelo menos segurar um dinheiro até arrumar um outro trabalho, mas no nosso caso não foi possível, porque o barraco tava caindo.

Acho que quando não tiver mais dinheiro pra fazer compra, aí é que vai apertar mais a família, porque, com criança pequena pedindo coisa pra comer, não tem... por enquanto, a gente não tá nisso. Estamos sobrevivendo com o seguro-desemprego, né? Mas, agora vai ser a última parcela, aí seria pra ficar mais preocupado, desesperado, mas... tem que procurar uma forma, uma ajuda, né? Então, talvez vocês tenham condições de ajudar nesse sentido também, né? (José Américo)

Psicanálise, nessas condições, parece algo muito distante, é despropositado, é quase um insulto. Pelo menos, aquela cristalizada pela prática dos consultórios. Nosso desafio era ver se, nessas condições, tínhamos algo a oferecer que fosse de real valia para essas famílias. Talvez pudéssemos ter apontado para o José Américo que seu empenho por salvar a casa era também um empenho por salvar a sua família, antes que a renda mínima acabasse. José Américo sabia que viria um período em que a vida teria que se desenvolver abaixo da renda mínima. E a reforma da casa era também sua tentativa de fortalecer os seus. Será que nós poderíamos ajudá-lo?

Uma vez expelidos para fora do mundo do trabalho e implantados, portanto, numa área na qual não participam dos processos de produção e serviços e, em decorrência, não adquirem os meios de subsistência para se manterem saudáveis, garantindo de forma mais autônoma sua alimentação, a moradia, o vestuário, a higiene pessoal, a educação de si, as atividades de lazer e os custos necessários para criar e educar os filhos e, até, para continuarem mantendo-se vivos, não é de admirar que essa nova condição promova sintomas físicos. Nós não pretendemos aqui, tal como eles, estabelecer um nexo entre o que eles *são e sua condição de desempregados*. Isso já está dado. Nos manuais de economia, nos artigos de jornais, nas notícias veiculadas pela televisão, o desemprego emerge como um número, ou um dado, ou um fato, por assim dizer, ideacional. Ele é um aspecto que faz parte de uma leitura da realidade. Em todos esses casos, o desemprego é tratado como uma representação – em sua condição de dado ou mesmo de fato social de nossa realidade –, ou uma ideia – em sua condição de número, em qualquer das inumeráveis pesquisas apresentadas. Porém, o testemunho da experiência direta com o desempregado nos põe em contato imediato com uma realidade que não é simples representação ou ideia, pois não se trata de meras interpretações ou leituras sobre o desemprego, tais como as que podemos depreender dos manuais e notícias de jornal, que visam oferecer um retrato ou uma explicação ao fato. A experiência direta com o desempregado agrega à visão "teórica", se assim pudermos nos expressar, uma dimensão orgânica, o aspecto ativo de cada um dos implicados. O que frequentemente denominamos de vida psíquica nada mais é do que esse aspecto ativo da vida humana, o traço singular emotivo e ideativo que se traduz na experiência de vida de cada um, em cada movimento que realiza, em cada gesto que atualiza, em cada palavra que emite.

No próximo capítulo, traremos nossa experiência junto a Pedro, um trabalhador desempregado, e sua família, buscando apresentar de modo mais aprofundado o seu modo de ser em família numa realidade sem trabalho.

4. Pedro, desempregado

O que segue aqui relatado é o material de oito sessões semanais com Pedro, realizadas entre os meses de abril e maio de 2003, e que tiveram uma interrupção quando ele conseguiu um trabalho como limpador numa garagem de ônibus, o que inviabilizou suas vindas ao Centro de Referência. As duas primeiras sessões tiveram a participação de Laura, sua companheira, que deixou de comparecer ao Centro quando arrumou um trabalho como faxineira. As duas últimas sessões ocorreram em outubro do mesmo ano, quando Pedro, depois de ter deixado o trabalho pedindo as contas – já que, segundo ele, a empresa só pagou, no fim do mês, parte do que lhe era devido em horas trabalhadas –, retornou ao Centro em busca de orientação para dar seguimento aos seus trâmites junto ao Instituto Nacional do Seguro Social (INSS).

Pedro e Laura, ambos com vinte e poucos anos, estão juntos há cinco anos, sem, no entanto, terem sua relação oficializada em cartório. Nós nunca lhe perguntamos porque não casaram. Sabemos apenas que se conheceram num baile promovido pela Rádio Atual no Centro de Tradições Nordestinas, "quando as épocas eram boas"

– ou seja, quando ele trabalhava –, e o fato de Laura, que já tinha uma filha de um relacionamento anterior, ter engravidado fortaleceu o laço de ambos, levando-os a viverem juntos. Esse casamento "sem registro" repercute em Pedro de uma maneira muito intensa. Assim, com muita facilidade ele pode se ver, nas situações mais difíceis, optando entre permanecer com ela, voltar à casa de sua mãe – "estou pensando em dar um tempo, ir para a minha mãe, esperar para ver a atitude dela" – ou viajar para a sua cidade de origem, a fim de retomar as suas coisas por lá. Verdade que tanto a casa da mãe quanto a cidade de origem parecem fazer parte muito mais de um espaço de idealização do que de realidade. Porém, quando se instala alguma divergência ou conflito entre Laura e Pedro, ele vê-se impelido a imaginar e pôr em cena, para a sua companheira, uma virtual viagem de volta que encerraria o relacionamento de ambos. Se termina por ficar com ela, Pedro o justifica essencialmente em nome do filho: não é bom para um menino viver com os pais separados. "... eu penso no menino. É ruim a criança ficar sem cuidado do pai. Fica sem amor de pai e de mãe". Talvez fale por experiência própria: os pais de Pedro, quando ele tinha por volta de 12 anos, brigaram, e a família cindiu-se: Pedro, acompanhando a mãe – que trouxe com ela mais dois filhos –, veio para São Paulo, enquanto o pai e três irmãos ficaram em Itaberaba, na Bahia. Seu pai é uma figura, mais do que distante, ausente – "não tenho notícia do meu pai". Se ele optasse por voltar para a Bahia, para Itaberaba, quem ali esperaria por ele, o receberia, seriam os seus avós, os pais da mãe – "a minha intenção é estar com eles lá, com a minha família, mas antes vou procurar se entender o casal. Se não, vou para a Bahia, com os meus avós". Vivendo sozinho, Pedro não se vê. Parece lhe faltar autonomia. Por diversas vezes, ele já transportou seus pertences, suas roupas, da casa de sua companheira para a casa da mãe e vice-versa, quando as coisas se mostraram difíceis, principalmente em sua relação com Laura. A casa em que mora com ela não é deles.

Foi a irmã dela que lhes cedeu temporariamente e, nos momentos mais esperançosos de Pedro junto com Laura, ele cultiva o projeto de adquirir, por meio de algum programa de habitação popular, uma casa própria onde possa fixar sua família: "se eu morro ou ela morre, eles têm o canto deles". Ou seja, além da falta de um casamento formalizado, também por não se ver dono de uma casa sua, Pedro não se vê propriamente tendo consolidado uma relação e uma família de forma mais substancial. Falta, para ele, uma certa solidez ao seu acontecer junto com Laura. E o fato de ele estar desempregado há aproximadamente nove meses amplifica esse seu sentimento de instabilidade e promove nele, como veremos mais adiante, uma resposta bem peculiar para demarcar o seu lugar e o seu papel em seu núcleo familiar. Pedro é dependente dos outros, como supõe que o seu filho é dependente da não separação dele de Laura. Mas contrapõe a essa realidade de dependência – principalmente no caso de sua relação com Laura – certa superioridade moral, que ele põe em ação com o intuito de amplificar algo assim como uma força gravitacional e atrair sua companheira com maior intensidade para o seu campo particular: "... eu tento normalizar e não complicar mais. Se eu for embora, ela vai pôr a culpa em mim, que eu larguei a família. Tenho que aguentar, pra tentar normalizar a família naquele padrão, não deixar as crianças tristes. Comigo, estamos tendo o maior cuidado, casa arrumadinha, comida pronta. Queria ver outro, ela ia encontrar em porta de bar, jogando sinuca, baralho. [Ela] tem que agradecer a Deus por ter encontrado eu, estou sendo bom demais. Se eu arrumei uma família, foi pra levar... agora, viver essa desigualdade, um querendo passar por cima do outro... tem que ser calmo. Ela pode tirar pelas colegas dela que têm marido, nenhum faz o que eu faço". Pedro é um moço bem apresentado, bem produzido. Sua roupa é impecável, bem como o seu corte de cabelo, que acompanha uma certa moda do momento e o aproxima, na sua maneira de apresentar-se, das estrelas do futebol, com seu cabelo bem raspado, a camisa colorida e a impecável calça branca. Quem lava as suas roupas, e quem as passa? Porque ele, que passou a assumir, a partir da sua demissão, uma série de funções em casa, deixou claro que faz de tudo: "só não tenho pique para lavar e passar". Laura também é uma moça bonita e cuidadosa em sua apresentação, daquelas que escolhe com gosto o que vestir. Ela também não nasceu em São Paulo, mas, à diferença de Pedro, para Umuarama, no Paraná, sua cidade de origem, ela nunca voltaria: "eu não volto pra minha mãe". Sorridente, mostra gratidão para com aqueles que a apoiam em momentos difíceis: o casal de quem ela alugou um quarto para morar com sua filha, e que as acolheu, de acordo com ela, como se fossem da família: "tenho muito que agradecer, ainda tenho contato com eles"; a irmã, que lhe cedeu a pequena casa onde eles atualmente moram – na verdade, um cômodo em que se acomodam um fogão, uma geladeira, uma mesa, a cama do casal, a cama da filha de Laura, um guarda-roupa e a própria laje, onde as roupas são postas para secar – e lhes compra a cesta básica: "ela tem pensão do marido"; a amiga "da Freguesia", com quem a filha Maíra, de 9 anos, passa a semana, por conveniência, para poder ir até a escola sem gastar em condução, uma vez que a amiga mora perto da escola; e "a senhora evangélica, testemunha de Jeová, que vem todo sábado ou domingo em casa ler a Bíblia e ficou de ajudar a gente com a condução". Pedro e Laura moram não apenas longe, mas afastados, numa região nova nas fronteiras da cidade, que ainda dispõe de escassos serviços: "não tem recurso nenhum lá", diz Pedro. O transporte que entra lá é clandestino e as ruas sem asfalto contam apenas, até o momento, com luz e água, cujas contas são reiteradamente "penduradas", sustentando-se sobre ambos o receio de terem esses serviços cortados: "a água está atrasada, a luz também. Daqui pra frente, vai ter que reduzir. Virei o relógio ao contrário pra reduzir". Rotineiramente, Pedro mexe no relógio que mede o consumo de energia da casa, invertendo os ponteiros de modo que o aparelho acuse um gasto menor do que o real. E ele já pensou, quando queimou a lâmpada de casa, em trocá-la pela única lâmpada do poste que ilumina a rua. Só não o fez porque teme que o fulgor do brilho da lâmpada seja muito intenso dentro de casa. Ou seja, moram tão distantes, e principalmente Pedro sente-se tão desamparado, que ele se sente à vontade para dispor dos parcos bens públicos de sua vizinhança como se fossem seus. Quem iria se incomodar, além de um ou outro vizinho, com a falta de luz na rua? Para virem aos encontros conosco, que ocorriam às 8h30, tinham que sair de casa às 5h e, entre ida e volta, faziam-se necessárias seis conduções. Reclamar, nenhum dos dois propriamente reclama, mas Laura apresenta um estado de ânimo mais favorável para superar todas essas difíceis condições no dia a dia: "... se aparece um bico, não posso deixar de ir. Ontem, cheguei às 20h30 em casa. Mas eu não ligo de trabalhar, não escolho serviço. O importante é trabalhar honestamente para os meus filhos. Vergonha é roubar... eu não fico parada, o importante é um de nós estar trabalhando". Parte da dificuldade em encontrar um serviço mais estável, ela atribui à distância que a afastaria de casa e dos filhos: "quando minha irmã tem vale-transporte, a gente vai às agências de emprego. Mas, se é um emprego pra tomar mais de uma condução, eles não pegam. Mas, quando a gente tem filho, não pode ficar fora de casa. Não é fácil, se fosse só nós, a gente se virava". Pedro precisaria ir até um hospital na Vila Nova Cachoeirinha, onde existe um serviço médico especializado para cuidar do joelho. Porém, ele, invariavelmente, adiava a ida até o hospital, alegando falta de dinheiro para a condução – "ela que me dava, e como ela ficou desempregada..." –, mas talvez também por falta de motivação pessoal para superar grandes distâncias, que só se vencem de forma difícil. Pedro atribui ao acidente com o joelho no trabalho uma dificuldade para se movimentar que, a nosso ver, incorpora também, eventualmente, todas as dificuldades de relação e de trânsito que Pedro tem entre os seus e com os outros. As dificuldades em ser contratado passam pelo problema no joelho, que também ganha destaque e papel preponderante em sua relação com Laura. Laura: "ele faz teste em firma, quando pensa que passa, não passou". Pedro: "acho que é a agilidade de andar, é esse o problema". Ela deveria entender melhor, ao ver dele, o seu problema, e não perder a paciência e queixar-se de que cabe a ela dar conta de tudo: "ela reclama que só ela está trabalhando. Só que ela está sabendo que o meu problema é sério. Tenho perícia no mês que vem, pra ver se eu vou para cirurgia ou para uma aposentadoria por invalidez. Se eu tivesse capacidade de trabalhar, estava trabalhando". Mas, objetivamente, é Laura quem dá conta de tudo. Sem ter o que poderia ser reconhecido como um vínculo de trabalho mais estável, ela sempre, mesmo nos momentos mais difíceis, encontra uma maneira de conseguir alguns reais para o dia a dia, que permitam o leite do filho e mais alguma outra coisa para subsistirem. Fazendo faxina em uma ou outra casa, lavando a roupa de vizinhos e, atualmente de forma um pouco mais estável e com Carteira assinada, fazendo limpeza num condomínio. Laura é tão ágil que levanta suspeita em Pedro. "Tem traição comigo." Um dia, quando todos esperavam que ele fosse se internar para operar o joelho, Pedro volta de surpresa para casa e ouve o rádio tocando em alto volume, risos de Laura e a voz de um homem. "Pensei: o que eu vou fazer? Não vou arrumar confusão. Dei um tempo, esperei o homem sair. Bati na porta, ela abriu sem jeito... Não ia dar flagrante... Depois, convidei ela pra vir pra cama, ela disse que não, que estava cansada. Tudo indica que há traição." Mas, para Pedro, se Laura o trai, não é por um verdadeiro interesse maior dela por um outro homem, mas para conseguir algum dinheiro para casa: "bendizer não é traição, é pra ter uma ajuda... vamos supor que é isso aí, uma ajudinha... Estou imaginando. Um dia, tinha uma cesta básica. A irmã disse que foi ela, mas acho que foi o cara." Isso, Pedro não admite. De alguma forma, vê-se faltando para com os seus na condição de provedor.

Deveria ser ele o responsável por providenciar o dinheiro necessário para o dia a dia. Mas não expressa abertamente sua frustração ou culpa por não estar podendo cumprir essa função. Resta uma vergonha que emerge transformada em superioridade moral – "num caso desses, a mulher perde toda a razão... quem em geral faz safadeza é o homem, eu não esperava isso. Pra ter uma ajuda... esse tipo de ajuda eu não quero. Dar uma ajuda e se deitar com outro, deixar o filho com um, com outro, pra isso! Põe a família a perder! Ela está vendo o meu problema, que eu estou resolvendo..." –, como contraponto para um sentimento de humilhação que uma mulher tão capaz, da qual ele depende, suscita nele. Talvez seja o orgulho de Pedro que a situação de desemprego arranha. Talvez sejam as suas expectativas de formação: será que Pedro cresceu sentindo que deveria substituir o pai como provedor para a sua família? Ou toda a história do imaginário das famílias brasileiras, no qual o homem ocupa o lugar de patriarca – "o ramo do homem é manter a casa. Não é lugar ficar em casa..." –, contribui para pressionar nele uma atitude quase que de "prestar contas emocionais", na relação com Laura e seu filho, de todas as limitações que a vida maior impôs sobre ele? Se a vida o rebaixa – "eu fico em casa, varro, lavo, cuido do menino. Quando ela chega, eu estou mal, não é a minha área, é de mulher, fico sem jeito" –, para resgatar um equilíbrio narcísico pessoal, Pedro precisa rebaixar a companheira: "ela deve ter problema. Só fala gritando. Isso ofende... Eu fico com as crianças e ela diz que eu não ajudo. Acho que eu vou voltar para a minha mãe. É erro da parte dela". As próprias potencialidades dela – ou o que ele reconhece como potencialidades nela – o ameaçam: "hoje, ela foi fazer bico... fora de casa, ela faz tudo, conversa. Dentro de casa, não se dispõe. As amigas chamam, ela vai com o maior prazer, vai com elas comprar no supermercado... e reclama em casa. Acho que ela tem problema". Ele passa a denegri-la. Ela o trai para receber alguns trocados de volta, como uma mulher de rua. E, desse modo, internamente, Pedro resgata uma superioridade necessária para ele, para poder sobreviver sem ter que enfrentar a sua condição de ser absolutamente dependente dela. Que outro homem, diz ele, cuidaria melhor dela? Se não consegue suprir a casa com os bens necessários para o dia a dia, ao menos ele cuida de tudo e, mais do que isso, aguenta os gritos dela, coisa que nenhum outro faria: "eu disse pra ela arranjar um outro pra dar dedicação para os filhos. No dia seguinte, ela falou melhor comigo". Se ele resolvesse sair de casa, o mundo de Laura ruiria, e então ela veria a falta que ele faz. "Quem sofreu foi ela, quando eu fiquei longe." *E você, não sofreu?* "Eu fui esquecendo, vai ficando pra trás. Outro cara não fica um dia, dois dias com ela. Outro pra ficar em casa, cuidar de criança e ouvir o que ela quer falar não fica dois dias." Pedro não pode dizer que precisa de Laura, não nas condições em que está. Sua demanda por ela seria como a necessidade de ter que vir a usar uma muleta – após a operação de joelho –, o que tanto lhe assusta. Passa então a demandar uma incessante reiteração de Laura de que é para ela crucial que ele fique em casa. Não adianta que ela diga que gosta dele, que é bom que ele fique em casa para recuperar-se. Ele procura uma manifestação mais profunda, intensa e emotiva da parte dela: "no domingo, ela chorou, a filha tirou lágrimas dos olhos, doeu o meu coração". Quando contrariado ou inseguro, tece considerações, para a sua companheira e para o filho, a respeito da ruína que significaria a separação de ambos, para desespero de todos. E quando consegue "tirar lágrimas dos olhos deles", aí parece que Pedro fica satisfeito, como se as lágrimas fossem tanto a manifestação dessa certeza interna que ele procura ver afirmada em Laura sobre ele quanto também um resgate da sua competência, do seu poder, para mobilizar os outros em relação a si. Às vezes, Pedro divaga com Laura – e ele tem todo o tempo do mundo para fazer isso – sobre a possibilidade de ele "arrumar uma mulher melhor do que ela... para cuidar de mim". De algum modo, ele se sabe enrolado e fala do quanto ele gostaria de desenrolar a sua situação, ou melhor, ele sabe que essas suas estratégias de resgate narcísico enrolam a sua relação com Laura e, em consequência, a sua relação com o mundo: "quero desenrolar essa história e ir atrás do que eu perdi. A minha vontade é ficar". Porque, se nos fosse possível fazer algo assim como um mapa do contexto de vida de Pedro, a falta de emprego reduziria drasticamente o seu estar no mundo a estar com Laura e seu filho. Não que ele não reconheça que ela é boa, trabalhadora e o ajuda – "ela me acompanhou no tempo em que eu estava ruim, em 2000. Agora, se eu receber do INSS, posso ajudar. Não tenho o coração de abandoná-la". Porém, como ele diz, "ela se adultera", talvez um modo de expressar a adulteração que a dinâmica pessoal dele realiza em sua relação com ela, sobrepondo ao reconhecimento que tem para com ela a necessidade de sentir-se com poder e projetando em Laura as profundas necessidades que ele tem. E, de fato, ele se apresenta como alguém que precisa ser cuidado: cabisbaixo, num dia frio de inverno, ele vem vestindo apenas uma camisa de manga curta, como que demandando alguém ou algo que o proteja, a partir do exterior. Suas reflexões sobre o apoio que precisaria no dia em que ficasse internado no hospital para ser operado expõem bem essa dinâmica de eclipsar uma necessidade urgente por meio de um discurso orgulhoso em que os outros, no caso Laura, são expostos a algo assim como um dilema moral, de cuja decisão não se sai ileso: ou se é uma boa pessoa, e isso implica obviamente paciência, amor, cuidado, entendimento, carinho, capricho, atenção para com ele, ou uma má pessoa, isto é, alguém que demonstra impaciência, distância, incompreensão, irritação, também com ele. Ele, se estivesse no lugar dela, se fosse o contrário, daria apoio a ela. Ela disse para ele que, no dia da internação, não poderia acompanhá-lo porque não pode faltar ao trabalho. Ele não pediu, mas, "se ela fosse, seria bom, ela sabe o que fazer, é a pessoa certa". Ocorre que ele supõe que, ao sair com muletas do hospital, precisaria da ajuda de alguém. Não

66 PEDRO, DESEMPREGADO

explicita sua demanda por Laura, mas, obliquamente, deixa claro uma vivência de abandono. E, quando ela expressa que seria bom ele passar o período pós-operatório na casa deles para ser melhor cuidado, já que a irmã dela poderia cozinhar para ele enquanto Laura trabalha, mesmo então ele coloca a fala dela sob suspeita. Porque, ao ver dele, ela estaria invertendo as coisas. Ou seja, não é que ele precisa ser cuidado e, por isso, ela lhe sugere ficar em casa. Na verdade, ela quer que ele venha em casa porque ela precisa dele – "eu sinto que é ela que está pedindo" – mas, isso, ela não tem coragem de admitir. Ou, como ele diz, "não dá o braço a torcer". Porque, para Pedro, admitir que se precisa de um outro é "dar o braço a torcer", é submeter-se a uma força maior, reconhecer que se é mais fraco, reconhecer-se dependente. Pedro também se queixa de que Laura desconfia de sua autonomia para desempenhar certas atividades, tais como levar o filho ao médico: "ela acha que não vai dar certo comigo. Ela disse que vai. Ela quer tomar o rumo". David, o filho deles, é um menino que frequentemente fica gripado e febril. Além de arrancar lágrimas dos olhos dele quando ameaça ir embora, Pedro vê-se com a obrigação de cuidar dele, que passa grande parte do tempo com o pai. Pedro se queixa de que a mãe o leva ao hospital sob o argumento de que ele não conseguiria ser bem-sucedido nessa tarefa. E, de fato, o pai havia levado o menino, mas "não atenderam". Será o argumento um exagero de Laura ou um fato real? Pedro parece, ao final, aceitar a decisão dela sem demonstrar uma decisão mais firme de tomar para si essa responsabilidade. Sua dificuldade em expressar de forma mais aberta os seus sentimentos sugere algo assim como uma imaturidade emocional, um sentimento de desamparo à espera que seja preenchido por alguém de fora. No entanto, seu modo de narrar as situações mostra uma complexa sensibilidade para os estados emocionais. Reconhece nas pessoas ou nas situações modos de ser do coração – "não tenho o coração de abandoná-la", e é até capaz de inventar sonhos para lidar com a realidade: "hoje, estou pensando em dar um susto nela: vou dizer que tive um sonho, em que vi um ladrão aqui dentro de casa conversando com você. Só pra ver". Quem sabe nas inversões que é levado a promover para resgatar-se de forma mais potente, acabe por transformar toda a vida em sonho. E por isso sua fala, um toque oblíquo sobre os fatos, mais do que um instrumento para nomear sua percepção do mundo objetivo, é uma ferramenta a serviço de uma incessante elaboração dessa percepção, bem como um meio privilegiado para sobrepor-se à realidade que o subjuga: na palavra, ele ganha o que perde na realidade. Se Pedro voltasse a trabalhar, a relação de ambos ficaria menos tensionada? Esta é a nossa hipótese, e Pedro parece confirmá-la nos últimos dois encontros, nos quais, tomado por um sentimento positivo em relação à possibilidade de conseguir o seu benefício junto ao INSS, expressa uma relação junto a Laura mais aliviada, menos sobrecarregada das tensões que ele sobrepõe quando se vê tão inteiramente dependente dela: "se der certo, recebo o auxílio em um mês, foi o que a assistente social disse. Vou pôr as coisas em casa... ajuda, pois tudo é com dinheiro, assim funciona. É tipo de um documento, o dinheiro... mas, o que eu queria mesmo é alguém que cuidasse da minha perna, ficar livre para trabalhar, ter agilidade, ficar bom e trabalhar. Eu nem iria mais atrás do INSS, deixava pra lá, queria correr... mas estou livre de alguma coisa até o fim do ano... e o tratamento... no ano que vem estou bem...".

5. Dos desempregados à economia: o sistema econômico de mercado e seu impacto na vida social

Pensamos que não se justifica, numa época de tão incríveis avanços tecnológicos e teóricos, políticos e administrativos, a situação de Estados como o nosso, tão amarrados a modelos econômicos, que não apenas não sabem fazer frente aos problemas do desemprego, mas que conscientemente produzem desemprego e o mantêm. Ou melhor, claro que há uma justificativa advinda do campo econômico para a implantação de políticas macroeconômicas cuja dinâmica promove desemprego massivo, de modo consciente. Mas o que estamos sugerindo é que tomar o desemprego como um dado econômico ou um número ofusca, de algum modo, a terrível realidade de extrema implicação moral de que, para garantir o valor da moeda de um coletivo, torna-se necessário excluir violentamente um gigantesco contingente de homens e mulheres do mundo do trabalho. Estamos afirmando que o desemprego é promovido conscientemente por meio da política econômica desenvolvida pelo Estado. Essa afirmação requer que façamos um pequeno percurso pelo campo da Economia.

A terrível realidade das pessoas com que tivemos a oportunidade de trabalhar no Centro de Referência em Saúde do Trabalhador faz parte de um contexto que implica o Brasil como um todo. Dadas as novas tecnologias de comunicação e transporte, tornou-se tanto inevitável quanto desejável que a economia mundial se integre firmemente por meio da expansão do mercado e da mobilidade do capital. E, neste sentido, o empenho econômico promovido em nosso país, no final do século XX e início do século XXI, tem como intuito manter o nosso sistema produtivo, portando todas as suas incoerências e gigantescas disparidades sociais, integrado aos processos contemporâneos mundiais de mercado, o que, de algum modo, constitui-se numa continuidade dos processos desenvolvimentistas em marcha desde os anos 1960, dessa vez atrelados de forma mais intensa a modelos e padrões externos tornados universais.

O livro de Karl Polanyi (1980), *A grande transformação*, que teve sua primeira publicação em 1944, é extremamente esclarecedor para compreendermos, por meio da verdadeira arqueologia econômica que ele realiza, a emergência da economia de mercado e suas terríveis consequências, nos anos 1930 e 1940, com a conflagração da Segunda Guerra Mundial. Sua leitura nos permite obter uma profunda apreensão da história do liberalismo de mercado e uma compreensão das trágicas consequências dos primeiros projetos de economia globalizada, sob a égide do padrão ouro, modo encontrado então de universalizar o mercado. De acordo com Karl Polanyi, as contradições inerentes aos processos de adaptação de economias nacionais a sistemas econômicos transnacionais e as resistências internas advindas da difícil situação criada teriam promovido a emergência de governos populistas e totalitários, que ganharam sua caracterização mais nefasta no regime nazista da Alemanha, nos anos 1930 e 1940. Em seu trabalho de arqueologia, Karl Polanyi mostra como não é um dado natural da vida social que o mercado regule os aspectos mais importantes da vida humana. Ao contrário, ele mostra em detalhes como, até certo momento da Revolução Industrial, as cidades continham o mercado, que funcionava a serviço delas.

> *As cidades, as crias do mercado, não eram apenas as suas protetoras, mas também o meio de impedi-los de se expandirem pelo campo (Polanyi, 1980, p. 76).*

> *O rápido esboço dos sistemas econômicos e dos mercados, tomados em separado, mostra que, até a nossa época, os mercados nada mais eram do que acessórios da vida econômica. Como regra, o sistema econômico era absorvido pelo sistema social e, qualquer que fosse o princípio de comportamento predominante na economia, a presença do padrão de mercado era sempre compatível com ele [...] mesmo quando os mercados desenvolveram-se muito, como ocorreu sob o sistema mercantil, eles tiveram que lutar sob o controle de uma administração centralizada que patrocinava a autarquia [entidade autônoma sujeita à fiscalização e tutela do Estado] tanto no ambiente doméstico do campesinato como em relação à vida nacional (Polanyi, 1980, p. 81).*

Para Karl Polanyi, uma economia de mercado é um sistema econômico controlado, regulado e dirigido apenas por mercados, sendo a ordem na produção e distribuição dos bens confiada a esse mecanismo autorregulável. Uma economia desse tipo origina-se da expectativa de que os seres humanos se comportem de maneira tal a atingir o máximo de ganhos monetários.

Continuemos pela mão de Karl Polanyi no campo da Economia – afinal de contas, o desemprego é um fenômeno econômico. De acordo com ele, a autorregulação implica que toda produção é para a venda no mercado e que todos os rendimentos derivam de tais vendas. Por conseguinte, há mercado para todos os componentes da indústria, não apenas para os bens (sempre incluindo os serviços), mas também para o trabalho, a terra e o dinheiro, sendo seus preços chamados, respectivamente, preços de mercadorias, salários, aluguel e juros. Juro é o preço para o uso do dinheiro, aluguel é o preço para o uso da terra e salário é o preço para o uso da força de trabalho, que constitui a renda daqueles que a vendem. Finalmente, os preços das mercadorias contribuem para a renda daqueles que vendem seus serviços empresariais, sendo essa renda chamada lucro. De acordo com a concepção autorreguladora do mercado, segue-se um conjunto de pressupostos em relação ao Estado e à sua política:

> *a formação dos mercados não será inibida por nada, e os rendimentos não poderão ser formados de outra maneira, a não ser através das vendas. Não deve existir ainda qualquer interferência no ajustamento dos preços às mudanças das condições do mercado – quer sejam preços de bens, de trabalho, da terra ou do dinheiro. Assim, é preciso que existam não apenas mercados para todos os elementos da indústria, como também não deve ser adotada qualquer medida ou política que possa influenciar a ação desses mercados. Nem o preço, nem a oferta, nem a demanda devem ser fixados ou regulados; só terão va-*

> *lidade as políticas e medidas que ajudem a assegurar a autorregulação do mercado, criando condições para fazer deste o único poder organizador na esfera econômica (Polanyi, 1980, p. 82).*

Um mercado autorregulável exige, como Karl Polanyi demonstra, no mínimo a separação institucional da sociedade nas esferas econômica e política. Do ponto de vista da sociedade como um todo, uma tal dicotomia é, com efeito, apenas um reforço da existência de um mercado autorregulável.

> *É verdade que nenhuma sociedade pode existir sem algum tipo de sistema que assegure a ordem na produção e distribuição de bens. Entretanto, isto não implica a existência de instituições econômicas separadas. Normalmente, a ordem econômica é apenas uma função da sociedade, na qual ela está inserida (Polanyi, 1980, p. 84).*

Assim foi, de acordo com Karl Polanyi, nas condições tribais, feudais ou mercantis. "A sociedade do século XIX revelou-se, de fato, um ponto de partida singular, no qual a atividade econômica foi isolada e imputada a uma motivação econômica distinta." Uma economia de mercados só pode existir numa sociedade de mercado. Isso quer dizer uma sociedade subordinada às suas exigências e, como resultante desse processo de subordinação, trabalho, terra e dinheiro também devem ser incluídos no mecanismo de mercado. Ocorre que trabalho implica o próprio ser humano, que se desprende de sua subordinação à vida em sociedade para ficar sujeito também à economia de mercado. Esse ingresso do trabalho, da terra e do dinheiro como elementos da economia de mercado os transforma em mercadorias, e essa é, ao mesmo tempo, a grande novidade e a

74 DOS DESEMPREGADOS À ECONOMIA

grande ameaça do sistema de mercado. Para Karl Marx, também, a força de trabalho humana, no capitalismo, é mercadoria, a partir do instante em que o trabalhador dispõe de uma dupla liberdade, isto é, a liberdade de dispor de sua própria força de trabalho e a liberdade relativa aos meios de produção (isto é, ao fato de não os possuir). Nós não adentraremos as diferenças de pensamento entre as concepções de Karl Marx e Karl Polanyi. Nosso interesse aqui não é propriamente com concepções econômicas mais plenas. Visamos apenas trazer à cena uma leitura que nos permita nomear o desemprego como resultante de políticas econômicas e, nesse sentido, Karl Polanyi nos auxilia. Para ele, o trabalho, a terra e o dinheiro não são em si mercadorias, ou seja, não são objetos produzidos para a venda no mercado. E isso não apenas como um dado natural, mas também como um fato histórico.

> *Trabalho é apenas um outro nome para a atividade humana que acompanha a própria vida que, por sua vez, não é produzida para a venda, mas por razões inteiramente diversas, e esta atividade não pode ser destacada do resto da vida, não pode ser armazenada ou mobilizada (Polanyi, 1980, p. 85).*

Para o autor, a transformação de trabalho, terra e dinheiro em mercadorias é inteiramente fictícia. No entanto,

> *é com a ajuda dessa ficção que são organizados os mercados reais do trabalho, da terra e do dinheiro [...] Permitir que o mecanismo de mercado seja o único dirigente do destino dos seres humanos e do seu ambiente natural, e até mesmo o árbitro da quantidade e do uso do poder*

de compra, resultaria no desmoronamento da sociedade. Esta suposta mercadoria, a "força de trabalho", não pode ser impelida, usada indiscriminadamente ou até mesmo não utilizada, sem afetar também o indivíduo humano, que acontece ser o portador dessa mercadoria peculiar. Ao dispor da força de trabalho de um homem, o sistema disporia também, incidentalmente, da entidade física, psicológica e moral do homem ligado a essa etiqueta. Despojados da cobertura protetora das instituições culturais, os seres humanos sucumbiriam sob os efeitos do abandono social; morreriam vítimas de um agudo transtorno social, através do vício, da perversão, do crime e da fome. A natureza seria reduzida a seus elementos mínimos, conspurcadas as paisagens e arredores, poluídos os rios, a segurança militar ameaçada e destruído o poder de produzir alimentos e matérias-primas. Finalmente, a administração do poder de compra por parte do mercado liquidaria empresas periodicamente, pois as faltas e excessos de dinheiro seriam tão desastrosos para os negócios como as enchentes e secas nas sociedades primitivas (Polanyi, 1980, p. 85).

Para Karl Polanyi, a ampliação da sociedade de mercado leva a sociedade humana a tornar-se um acessório do sistema econômico. Nós não adentraremos a importante descrição que Karl Polanyi faz sobre as inevitáveis respostas que as sociedades criam para proteger-se do enorme impacto do sistema de mercado, e que suscitaram um intenso acréscimo de tensões no interior das nações e entre elas, acabando por levar, como dizíamos anteriormente, ao surgimento do nazismo – de acordo com ele, a segunda grande

76 DOS DESEMPREGADOS À ECONOMIA

transformação, que é o resultado da primeira: o surgimento do mercado liberal. Mas, é importante assinalar a função do Estado, que é, para ele,

> a de ajustar o suprimento de moeda e crédito para evitar o duplo perigo de inflação e deflação, ainda que se suponha que a economia se autorregule. Do mesmo modo, o Estado deve controlar as demandas oscilantes de emprego, providenciando alívio em períodos de desemprego, educando e treinando futuros trabalhadores e buscando influenciar os fluxos migratórios (apud Block, 2000).

Ou seja, caberia ao Estado realizar um movimento protetor da sociedade, do qual não pode se esquivar. Karl Polanyi é atento às contradições desse duplo movimento, e ajuda que reconheçamos também como certas atitudes protecionistas podem, em certas situações, dar origem a afirmações político-econômicas perversas.

No caso do Brasil, o atual empenho do Estado em participar do processo de globalização deve ser visto como uma continuidade do anterior projeto desenvolvimentista que pretendia, por meio de uma política de rápida industrialização e "substituição de importações", promover a transição do subdesenvolvimento para o desenvolvimento e que, como o economista Celso Furtado (1974) observou, resultou em oferecer a uma minoria o acesso a padrões diversificados de consumo engendrados por um intenso progresso técnico e numa exacerbação das diferenças sociais, pela profunda concentração de renda da classe dominante, uma vez que, para

> acompanhar a rápida diversificação da panóplia de bens de consumo dos países de mais alto nível de renda, os

países periféricos [como é o caso do Brasil] foram leva-dos a ter que elevar a taxa de exploração, ou seja, a con-centrar cada vez mais a renda (Furtado, 1974, p. 93).

E assim, portando profundas diferenças sociais e sem ter con-seguido ainda inserir no sistema de consumo a maioria da popu-lação, é que o nosso país luta por ter garantido o seu lugar no atual processo de globalização, que nada mais é do que uma reedição, dessa vez em grande escala e aperfeiçoada, da primeira grande transformação descrita por Karl Polanyi. De fato, reeditando esses processos, vivemos hoje uma situação em que a sociedade brasileira encontra-se ainda subordinada ao sistema de mercado e o Estado, trabalhando de forma dicotômica, para não dizer esquizoide, por um lado dá autonomia ao Banco Central para regular o mercado e assegurar o preço da moeda, propondo, para isso, medidas que não apenas favorecem, mas estimulam o desemprego e, por outro lado, implementa ações políticas e um discurso que visam salvaguardar, ainda que de forma mínima, os desastres sociais que o impacto do sistema econômico autorregulador tem sobre a nossa realida-de, permeada de profundas desigualdades sociais e processos ain-da inacabados de constituição plena da cidadania da maioria dos brasileiros.

O Estado brasileiro tem tentado enfrentar as dinâmicas socio-laborais contemporâneas na busca de conciliar, como já apontado, dois interesses aparentemente antagônicos e em eterno confronto, a saber: de um lado, a necessidade do desenvolvimento econômico, pautado na globalização e na demanda por produtividade, compe-titividade e flexibilização do trabalho, causando a individualização do trabalho característica da lógica capitalista; e, de outro lado, a condição básica de existência de uma nação pautada pelo seu de-senvolvimento social, por meio da defesa dos direitos fundamen-

78 DOS DESEMPREGADOS À ECONOMIA

tais do cidadão brasileiro, entre eles o direito universal ao trabalho e a demanda por proteção social, trabalho decente e defesa dos direitos humanos, causando a coletivização do trabalho – tudo o que deve ser fundamento da lógica social. Como conciliar desenvolvimento econômico e desenvolvimento social?

A lógica capitalista demanda o domínio das forças do mercado, o que produz claras assimetrias e desigualdades sociais, por exemplo, a inexistência de emprego e trabalho para todos, com a consequente geração contínua de desemprego como artifício para gerar desenvolvimento econômico. Tais forças devem ser reguladas por meio da intervenção do Estado, via políticas públicas. A grande questão contemporânea é que há uma demanda por aumento da competitividade com redução de custos de produção, o que tem gerado a precarização e desregulamentação do trabalho por meio de processos de flexibilização.

A economista Maria Cacciamali (2002) indica quatro desafios para a definição de padrões trabalhistas mínimos, a saber: (1) definir políticas de emprego em um ambiente de maior competitividade (estratégias macroeconômicas associadas com políticas de desenvolvimento local); (2) criar estratégias de produtividade e relações de trabalho (flexibilização com equiparação entre trabalhadores estáveis e temporários); (3) promover instituições que objetivam fortalecer o progresso social (sistema de seguridade e maior controle social); e (4) propiciar equidade, desenvolvimento humano e políticas sociais (atingir melhor desempenho social, não somente econômico).

Amilton Moretto (2010) faz uma longa análise econômica de como o mundo do trabalho deve se estruturar levando em conta tanto o desempenho econômico como a geração de emprego, trabalho e renda em condições dignas e com proteção social. Ele diz que a saída seria a articulação de políticas macroeconômicas geradoras de estabilidade e crescimento social, como apoio à empresa, com políticas sociais e de emprego e trabalho e políticas de mercado de trabalho, como apoio aos trabalhadores, porque tanto empregadores quanto trabalhadores precisam de condições para manter-se estáveis, protegidos e poder crescer, ou seja, faz-se necessária uma base estratégica macroeconômica complementada com políticas microeconômicas de desenvolvimento local e setorial.

O autor aponta que as políticas de emprego visam à geração de postos de trabalho e são de responsabilidade geral do governo federal, podendo ser definidas como o "conjunto de políticas e instrumentos que tenham a capacidade de fomentar o investimento produtivo e ocupação da capacidade produtiva... Em decorrência disso, influenciam o nível de emprego total da economia" (Moretto, 2010, p. 8). Podem ser políticas de emprego ativas, quando o Estado as controla, ou passivas, quando o controle está nas mãos do mercado.

Já as políticas de mercado de trabalho objetivam a regulação e estruturação do mesmo, são de responsabilidade específica do Ministério do Trabalho e Emprego (MTE) e

> *compõem o conjunto de políticas e ações que se dirigem tanto à demanda como a oferta de mão de obra, tendo como objetivos: melhorar o funcionamento do mercado de trabalho; proteger a renda do trabalhador no momento de desemprego e auxiliá-lo a encontrar um novo emprego; e facilitar o ajuste entre oferta e demanda de trabalho (Moretto, 2010, p. 8).*

80 DOS DESEMPREGADOS À ECONOMIA

Podem ser políticas de mercado de trabalho de exclusão ou de inclusão. São de exclusão quando visam à migração do emprego ou desemprego para a inatividade (aposentadorias antecipadas, transferência de renda, jovem aprendiz, restrição de contratação de categorias de pessoas, por exemplo, a proibição do trabalho infantil) ou para o trabalho autônomo (informal, autônomo, empreendedor); e são de inclusão quando buscam a integração dos trabalhadores ao mundo do trabalho "por meio de ações que mudem as condições da oferta de trabalho e, desse modo, aumentem as chances de o trabalhador encontrar emprego ou, para aqueles que estão empregados, não o perderem" (Moretto, 2010, p. 10). São exemplos de políticas de inclusão a qualificação e a intermediação, bem como a criação de alternativas aos trabalhadores pela via do empreendedorismo, seja pela lógica capitalista no incentivo à micro e média empresa (Sebrae e políticas de microcrédito), ou pela lógica da economia solidária de incentivo às cooperativas.

Para Moretto (2010), o ideal seria articular as políticas de mercado de trabalho com as políticas de emprego ativas, contribuindo para a estruturação do mundo do trabalho e atendendo tanto assalariados quanto temporários, terceirizados, informais e sem trabalho, o que realça a importância da articulação das políticas públicas.

Assim, se adentramos o árduo terreno da Economia – árduo ao menos para psicólogos –, é porque é prioritário não esquecermos que o desemprego é o resultado de uma política econômica consciente levada adiante nos dias de hoje, necessária para a organização e regulação do mercado. O desemprego é um regulador importante de todo o sistema de preços – um dos elementos a serem manipulados tecnicamente por aqueles responsáveis pelo andamento das coisas no mercado, no dizer de Karl Polanyi "o árbitro do uso do poder de compra" – e um aspecto importante na formação da renda. Porque, assim como os preços formam renda, o desemprego produz renda ao ser um dos elementos que assegura o valor da moeda. Nos dias de hoje, pleno emprego significaria inflação, isto é, redução de renda. Isso quer dizer que há uma responsabilidade de toda a sociedade pela realidade do desemprego, pois, ao retirar parcelas significativas da população do mundo do trabalho, garantimos a renda dos que dele ainda fazem parte. As implicações morais desse estado de coisas são gigantescas, muito além do que as assim chamadas ações de responsabilidade social são capazes de dar conta, uma vez que a realidade do desemprego pode ser compreendida como um sacrifício coletivo necessário para o melhor funcionamento da sociedade como um todo.

6. Da economia aos desempregados: concepções do social e dinâmicas familiares entre a cultura popular e a cultura de massas

Do que vimos até aqui, deveríamos ser levados a considerar a realidade de vida dos trabalhadores desempregados como sendo advinda inteiramente de um modo de funcionar econômico que promove a catástrofe do desemprego e, portanto, psicologizar neste contexto – adentrar a vida psíquica dos implicados – seria algo assim como um trabalho de perfumaria que, quaisquer que fossem os achados, quaisquer que fossem as considerações realizadas, significaria nada ou muito pouco, uma vez que não seria nesse campo que encontraríamos as reais determinações para a realidade do desemprego.

E, de fato, quão equivocada é, diante da realidade econômica em andamento, a tão propagada responsabilidade pessoal pela vida no mundo do trabalho! Dos trabalhadores desempregados com quem conversamos no Centro de Referência em Saúde do Trabalhador,

84 DA ECONOMIA AOS DESEMPREGADOS

ouvimos exemplos destas versões que circunscrevem à esfera pessoal a causa do desemprego: Pedro diz que foi demitido porque precisou de tratamento depois que uma caixa caiu sobre o seu joelho. Leonor tem, na perda de emprego do marido, legitimado por um dado de realidade o quanto ele, Roberto, é incapaz. E assim, um a um, oferecem explicações que implicam a biografia de cada um deles aos seus destinos. Todos têm razão, porque obviamente biografia e destino pessoal imiscuem-se. Nossa biografia é o nosso destino e o nosso destino é nossa biografia. Não podemos fugir de nenhum desses polos e, sempre que lemos o que nos aconteceu, estamos implicados/as, mesmo quando os fatos causadores são maiores do que nós.

Hoje em dia, é impossível tecer considerações sobre o indivíduo reduzindo-o a um objeto da história. Todos os seres humanos, de algum modo, se emanciparam. Pelo menos, foram emancipados no campo das teorias. E, portanto, devem pagar o preço por essa emancipação. Devem pagar o preço de serem vistos como sujeitos de sua história, responsáveis por ela. Essa leitura não tem volta, mesmo quando os dados da realidade, como em nosso país, apresentam gigantescas parcelas da população desprovidas das condições mínimas necessárias tanto de consciência, isto é, de educação, quanto de participação política e social para poderem ser plenamente chamadas de cidadãos. Faz parte do imaginário em todas as camadas sociais, inclusive nas mais pobres, como podemos ver em nossos trabalhos de pesquisa e intervenção (Mandelbaum, 2004; Ribeiro, 2007, 2009, 2010, 2011), assumir para si uma parcela da responsabilidade pelo seu destino no mundo do trabalho, seja por meio do fator idade ou nível de formação, seja pelo lugar em que se mora, disponibilidade para trabalhar etc. E espera-se que cada um pessoalmente se fortaleça para, fazendo o melhor possível de seu livre-arbítrio, aperfeiçoar o seu currículo – ter um "currículo bom", como disse o Silva –, requalificar-se ou mobilizar-se atrás de uma vaga, portando todos os recursos pessoais de que dispõe para encontrar um lugar no sistema produtivo.

Uma leitura que os reduza a objetos do acontecer histórico de algum modo anularia esse processo emancipatório de cada um como indivíduo em relação à tessitura social. Por isso, aceitamos o caminho da implicação pessoal. Evita a idealização a que levaria colocar todas as pessoas com que lidamos em nossos trabalhos na posição de vítimas do sistema. Claro que são vítimas, claro que sobre elas se abate uma funesta realidade, diante da qual suas biografias pessoais as responsabilizam em menor medida. E elas sabem disso, dada a profunda queixa que emitem sobre o social maior, o modo como compreendem e avaliam a ação do sistema de mercado e a recorrente transformação de sua força de trabalho em mercadoria. Cabe-nos também compreender essa queixa como um processo de resistência diante dos violentos mecanismos em jogo na dinâmica dos mercados. No entanto, todos eles não apenas incorporaram todo o mundo de representações e de ideias que são veiculadas pelos meios de comunicação a respeito de si e de seus destinos como brasileiros, como põem em funcionamento esse campo ideológico a partir dos seus limites e possibilidades, advindos de suas histórias pessoais. Eles, por assim dizer, "vestem a camisa" de serem desempregados no Brasil do início do século XXI, e atuam a partir desse marco identitário, produzindo assim também a realidade de suas existências. Um exemplo disso pode ser a participação deles, ainda que crítica, na missa dos desempregados promovida pelo padre Marcelo, com o intuito de abençoar suas Carteiras de Trabalho.

Implicá-los, porém, é respeitá-los para ganharmos uma melhor compreensão da séria situação que atravessam, da terrível demanda que emerge para a sociedade como um todo a partir do drama de suas condições e do impacto de suas situações na vida social. Nós os implicamos sem esquecer que suas realidades como desempregados têm sua origem no marco das políticas macroeconômicas que estão em andamento atualmente em nosso país.

Do modo como estamos argumentando, implicá-los guarda uma conotação ética no sentido de não reduzir toda a complexidade do humano que os diversos vértices de leitura teórica e crítica provenientes das ciências humanas nos ensinaram a reconhecer. Cada uma das pessoas que vemos em nossos trabalhos tem sua situação de vida atada de tal modo à ordenação social vigente que relatos e gestos seus podem ser absorvidos em todas as matrizes teóricas – incluindo aqui a psicanálise – que, de algum modo, mesmo que criticamente, implicam tanto a ordem social quanto a leitura do humano. Essa consideração merece uma reflexão mais apurada. Nossos encontros no Centro de Referência poderiam ser resumidos ao encontro circunstanciado entre relatos de vida de pessoas desempregadas e modelos teóricos que a nossa escuta – ainda que predisposta a estar o mais aberta possível ao que nos vinha da vida dessas pessoas – porta consigo. A questão que se coloca é: até que ponto a análise que fazemos é legítima, levando em consideração a realidade de vida dessas pessoas.

Apesar de a realidade do desemprego nos permitir colocar todas essas pessoas dentro de um conceito de marginalização, uma vez que não fazem parte – ao menos temporariamente – do mundo do trabalho, o poderoso processo da indústria cultural, isto é, a cultura de massas, ou mais exatamente, como Alfredo Bosi (1992) denomina, a *cultura para as massas* – aquela que é promovida principalmente pelos programas de rádio e TV e pela internet e mobilizada por uma intensa publicidade –, além de "lançar mão de todos os recursos para motivar e estimular a venda de seus produtos" (p. 321), acaba por aguilhoar cada um dos espectadores com nomes e referências para a vazão de suas necessidades internas, de forma extremamente poderosa. Darcy Ribeiro (1979), em *O dilema da América Latina*, lembra-nos de uma marginalidade que seria inerente à realidade da América Latina, oriunda

> *das deformações sociais do período colonial [às quais] somaram-se novos fatores traumatizantes acarretados pela modernização reflexa dos setores produtivos por via da nova incorporação histórica realizada através da industrialização recolonizadora. Ou seja, as classes dominantes, ao renovarem o sistema produtivo de acordo com seus interesses de associados internos da dependência externa, acabaram por criar e consolidar uma estrutura socioeconômica tanto ou mais hostil à maioria da população como fora a estrutura colonial [...] esse processo gera mais marginalizados do que integrados, mais subemprego e desemprego do que condições estáveis de trabalho, por excluir crescentes parcelas da força de trabalho do sistema modernizado de produção e de consumo [...] tais são as massas marginalizadas (p. 73).*

Talvez o assim decantado "milagre brasileiro", nome com o qual se designou, no final dos anos 1960 e início dos anos 1970, o ágil crescimento econômico altamente concentrado, tenha sido a integração dessa gigantesca massa marginalizada aos processos culturais em andamento em nosso país. Ecléa Bosi (1981), em *Cultura de massa e cultura popular*, traz à cena uma contribuição de Hannah Arendt, para quem "a absorção de todas as camadas da população na sociedade é o que constitui o processo formador

88   DA ECONOMIA AOS DESEMPREGADOS

da sociedade de massas" (p. 60). Não foi diferente em nosso país. De acordo com Alfredo Bosi (1992),

> *o povo assimila, a seu modo, algumas imagens de tele-visão, alguns cantos e palavras do rádio, traduzindo os significantes no seu sistema de significados. Há um filtro com rejeições maciças da matéria impertinente, e adap-tações sensíveis à matéria assimilável. De resto, a propa-ganda não consegue vender a quem não tem dinheiro. Ela acaba fazendo o que menos quer: dando imagens, espalhando palavras, desenvolvendo ritmos, que são in-corporados ou reincorporados pela generosa gratuidade do imaginário popular (p. 329).*

Nesse texto, escrito entre 1979 e 1980, Alfredo Bosi mostra-se, de algum modo, confiante de que a assim chamada cultura popular soubesse introjetar as mensagens e ritmos da chamada cultura de massas a que é exposta e pudesse sobrepor-se a ela, transformando essas mensagens e ritmos em novos materiais, por meio dos quais pudesse dar continuidade à expressão de suas complexas formas singulares. Mas o pós-escrito de 1992, atento ao giro reformista promovido pelas lideranças políticas brasileiras contemporâneas – um giro que privilegia, dentre os diversos aspectos construtores do destino brasileiro, a *competência* no trabalho, a "produção em regi-me de competição [como] meta colimada pelo novo reformismo, que já perdeu a paciência com visões utópicas e quer ver, o quanto antes, efeitos de uma política de resultados" (Bosi, 1992, p. 369) –, descreve uma situação avessa a uma síntese: "a orquestra não pode parar. Não há síntese, só aglutinação" (p. 371). E nós podemos compreender esse conceito de aglutinação não apenas no senti-do de uma incorporação assistemática de matrizes ideológicas na retórica intelectual, mas na própria consolidação de uma realidade social que, por assim dizer, integra o que é marginal. Mais do que integra, aglutina, em torno de ideias e concepções de mundo promovidas pelos meios de comunicação de massa, todo o grande adensamento de homens e mulheres brasileiros/as, tanto dos centros urbanos quanto das regiões rurais.

Nesse sentido, e como Alfredo Bosi (1992), em sua *Dialética da colonização*, bem mostra, a utilização da psicanálise para a compreensão da realidade interna dos desempregados seria não uma "ideia fora do lugar" – como entende Roberto Schwartz a apropriação e uso de elaborações teóricas extemporâneas –, mas uma legítima moldura de leitura, eficaz para ler e compreender a realidade, desde que estejamos atentos aos limites e possibilidades que ela passa a aportar, uma vez aclimatada, por assim dizer, na complexa dialética de nossa realidade.

Dizíamos que não é apenas um substrato ético que nos levou a implicar cada uma das pessoas com que trabalhamos na realidade em que vive. Estamos argumentando que a própria realidade do que é vinculado por meio dos meios de comunicação de massa contribui, de algum modo, para nomear e ampliar a complexidade de suas demandas. Cada uma delas é, por assim dizer, um palimpsesto vivo de múltiplas e fragmentadas realidades culturais, nas quais as demandas pulsionais e o interjogo das emoções ganham expressão, numa variada e assistemática enunciação de motivações ideológicas, religiosas, biografia pessoal, romance familiar etc., que tendem a contradizer-se entre si, aprisionando muitas vezes o destino delas, já desprovido do amparo de instâncias sociais mais arraigadas para além da família, numa contradição de visões e concepções aglutinadas – um trânsito desorganizado e caótico de mensagens que tendem a fragmentar e imobilizar cada um deles.

90 DA ECONOMIA AOS DESEMPREGADOS

É Bosi quem diz que faz parte da cultura popular brasileira o que ele denomina de "materialismo animista" (1992, pp. 324-325), tentando integrar assim o que pareceria ser uma visão pragmática da vida – "uma praticidade, um senso vivo dos limites e das possibilidades de sua ação, que convergem para uma sabedoria empírica muito arraigada, e que é a sua principal defesa numa economia adversa" – e um "substrato animista":

> *há, na mente dos mais desvalidos, uma relação tácita com uma força superior (Deus, a Providência) [...] relação que, no sincretismo religioso, se desdobra em várias entidades anímicas, dotadas de energia e intencionalidade [...] e assimila, ao mesmo panteão, os ídolos provindos da comunicação de massa ou, eventualmente, as pessoas mais prestigiadas no interior da sociedade.*

E conclui Bosi: "assim, um cabal empirismo ou realismo na esfera econômica básica se conjuga com um universo potencialmente mágico" (1992, p. 325). Essa visão de mundo materialista animista, que vincula e integra os opostos, é, segundo Bosi, fruto de um longo processo de aculturação do povo brasileiro, sobre o qual incide, nas últimas décadas, toda a indústria cultural vinculada pelos meios de comunicação de massa. É novamente Bosi quem diz que

> *uma teoria da cultura brasileira, se um dia existir, terá como sua matéria-prima o cotidiano físico, simbólico e imaginário dos homens que vivem no Brasil. Nele sondará teores e valores. No caso da cultura popular, não há uma separação entre uma esfera puramente material da existência e uma esfera espiritual ou simbólica. Cultura*

*popular implica modos de viver: o alimento, o vestuá-
rio, a relação homem-mulher, a habitação, os hábitos de
limpeza, as práticas de cura, as relações de parentesco, a
divisão das tarefas durante a jornada e, simultaneamen-
te, as crenças, os cantos, as danças, os jogos, a caça, a
pesca, o fumo, a bebida, os provérbios, os modos de cum-
primentar, as palavras tabus, os eufemismos, o modo
de olhar, o modo de sentar, o modo de andar, o modo de
visitar e ser visitado, as romarias, as promessas, as festas
de padroeiro, o modo de criar galinha e porco, os modos de
plantar feijão, milho e mandioca, o conhecimento
do tempo, o modo de rir e de chorar, de agredir e de con-
solar (1992, p. 324).*

Alfredo Bosi parece estar fazendo referência a uma cultura
ainda ligada a traços rurais ou, no máximo, a um período de transição à vida urbana. Ecléa Bosi, em seu trabalho junto a operárias e
seus hábitos de leitura, observou que elas filtravam a comunicação
de massa:

*[a comunicação] esbarra na situação de vida do re-
ceptor, nas suas predisposições psicológicas, na moral
sustentada por seu grupo primário, nas atitudes já se-
dimentadas, na estima em que é tida a fonte, na percepção seletiva das mensagens. Enfim, em vez de pesquisar
efeitos puros de comunicação, tenta-se compreender a situação do sujeito que a tornou mais ou menos poderosa.
A receptividade depende mais desta do que de uma alta
técnica de persuasão (1981, p. 169).*

92 DA ECONOMIA AOS DESEMPREGADOS

Nós, obviamente, não temos como tarefa fazer uma "teoria da cultura brasileira", nem propriamente da recepção da cultura de massas pelas pessoas com que trabalhamos. Tudo o que pretendemos é observar o impacto do desemprego na vida delas e criar um contexto de escuta e reflexão sobre a difícil situação que atravessam. Mas, obviamente, essas duas metas nos implicam, por assim dizer, a ter que lidar com a cultura do desempregado. E o que nós pudemos observar em nosso trabalho junto a essas pessoas foi uma situação mais desorganizadora de referências do que as expostas nos trabalhos de Alfredo e Ecléa Bosi. Verdade que o substrato materialista animista a que Alfredo Bosi se refere serve como um bom índice para estabelecer algo assim como uma estrutura interna das enunciações dos sujeitos com que trabalhamos. É verdade também que a operação de resistência a que Ecléa Bosi faz referência quando menciona a predisposição psicológica, a moral do grupo, a percepção seletiva etc. serve ainda de substrato para algo assim como o estabelecimento de uma atitude de resistência às dificuldades com que essas pessoas têm que lidar.

A moral familiar da qual cada um deles de algum modo se sente porta-voz resiste à moral do grupo maior, à moral da sociedade, tão imoral na representação que eles trazem à cena. Não apenas porque "tudo é comércio" no mundo que os rodeia, porque as instituições são povoadas de funcionários desatentos às necessidades deles ou porque as empresas "podem ter nome mas não reconhecem o ser humano", mas porque, desgarrados da possibilidade de serem incluídos no mercado de trabalho, veem-se solitários na luta contra um contexto que os exclui e apresentam, mais do que oportunidades para um amparo e uma reorganização de si que os torne mais disponíveis a dar conta das necessidades da vida, entraves – sejam de distância, sejam jurídicos, sejam dos atendimentos em geral – difíceis de superar. O que eles carregam consigo de forma mais autêntica, se é que assim podemos nos expressar, é a luta contra tudo e contra todos pelo cuidado com aqueles a quem os laços familiares os atam. Nem sequer o sindicato é visto como uma instância de amparo para o terrível conflito de um contra todos a que se veem reduzidos.

O substrato materialista desse composto material-anímico de que Bosi fala é trazido por eles com tanta crueza, de forma tão explícita no que diz respeito às mazelas do social, que o que emerge é algo assim como uma pornografia do estado da sociedade, que seria habitada por patrões enganadores e exploradores que tiram o sangue, funcionários desatentos e insensíveis, colegas que fazem qualquer coisa para conservar o seu lugar de trabalho, políticos interessados apenas em obter cargos políticos, radialistas que se oferecem como salvadores, mas que não passam de engabeladores, padres que atuam como chefes de torcida, corpos que são espremidos até o bagaço.

Enfim, em relação a um substrato materialista, da fala que eles enunciam pode se desprender um coletivo no qual a violência ganha uma materialização que tende a transformar o social em algo assim como uma máquina sádica que os ameaça como o "homem de cara feia e louco que parecia que ia atacar as mulheres", trazido por Lurdes. Sim, porque todo o social pode ser contraído com legitimidade, diante do que eles expõem, aos contornos que deixam emergir um rosto feio e louco. Não que eles não articulem situações que permitem o resgate de todo esse social como um espaço no qual e para o qual vale a pena investir. Claro que sim. Porém, para o resgate desse espaço mais alentador, fazia-se essencial a presença de Rosa, que permitia, ao ressentimento atualizado pelo grupo, oferecer um catalisador que suscitasse uma perfuração capaz de apresentar um destino outro que não o da endoidecida máquina violenta, insensível às necessidades deles. E mesmo Rosa viu-se no

94　DA ECONOMIA AOS DESEMPREGADOS

limite de sucumbir à violência externa. Pareceria, por assim dizer, que a bondade interna que cada um deles sente portar não ganha nenhuma fonte externa nos substratos materiais da sociedade, a não ser no Salmo 9 (Salmo este que performatiza em seu interior a luta entre o bem e o mal, entre os pobres e os opressores) e em algumas oportunidades que a vida religiosa oferece.

A desesperança ergue-se à maneira de um muro intransponível, não só para cada um deles, mas também para os seus. "De que adianta minha filha estudar?", exclama Lurdes diante dos desesperadores empenhos de sua filha, obturando assim com uma visão realista pessimista os empenhos da jovem. Roberto, se quisesse, poderia optar por "ser um filho da puta" para, ao invés de ver-se ameaçado por esse roldão insensível que é o social como um todo, integrar-se a ele. E todos os homens, de algum modo, são capazes de conceber, virtualmente, a opção da "estrada perigosa", como Lúcio e Silva referem-se ao vasto mundo fora de casa, esse mundo no qual caminhões e ônibus atropelam motos, como o coletivo os atropela. No discurso deles é difícil distinguir o que é proveniente da cultura popular e o que é da cultura de massas, nesse amálgama desesperado que emitem.

Não há dúvida que o melhor que eles têm para contrapor a esse estado de coisas vem do que Ecléa Bosi denomina "moral sustentada pelo grupo primário", tão contraída que não parece ter existência num marco que transcenda a própria vida familiar deles, e muito menos um ancoradouro na vida social mais ampla. Do coletivo maior, o que chega para eles, à maneira da "fala grossa dos médicos nas consultas", que os tratam "como cavalos", são frustrações que assumem a forma compactada e imperativa de frases do tipo "está demitido", "está negado", "não tem trabalho" e "não é nossa função oferecer empregos" – frases essas que suscitam sentimentos de raiva que "atormentam a pessoa". Fazem "ficar sufocado e apavorado", "deprimido", "sem ânimo" e "sem graça de nada", subtraindo-os da roda de amigos, e com tanta dor "que não dá vontade de sair da cama". Ou seja, o social, o lugar da sociabilidade maior, o lugar que antes oferecia, para além do trabalho, também o salão de dança, a roda de amigos e as coisas que se deseja, agora parece ganhar um véu refratário, uma cortina que os separa e divide o mundo em dois: eles e os outros. E eles, tal como as suas crianças, desconectam--se, elas porque "querem bexiga e isso e aquilo" – um "isso e aquilo" agora transformado em pura frustração, dado o inacessível em que se situam – e eles, talvez pelo mesmo motivo, porque o mundo maior, o social do qual fazem parte, apenas os frustra, ao produzir, como Lúcio disse, "treze milhões de desempregados" e poucos, para não dizer nenhum, sinal de que, de algum modo, o destino deles é motivo de preocupação desse coletivo. O que eles não encontram de modo geral nos médicos, nos funcionários das instituições de saúde, nos patrões, advogados etc. são sinais de que o drama da vida deles é levado seriamente em consideração. É como se o social se desconectasse – mesmo nas instituições que, de algum modo, deveriam servir de ponte entre eles e o coletivo maior –, de seus destinos, entregando-os a si mesmos contra todos.

O que os faz não soçobrar de vez é algo que advém da frágil, porém poderosa, estrutura familiar que cada um carrega. Frágil porque, sentindo o impacto de todas as transformações econômicas, são famílias em processos de profunda mutação, núcleos que devem agregar outros membros ou, ao contrário, em processos de separação; e ainda, sobre esses radicais processos de reorganização e/ou desestruturação familiar, deve-se ter presente a tendência que esses núcleos apresentam para realizar deslocamentos, seja de um bairro para outro ou de São Paulo para outros estados. Trata-se de grupos familiares que devem acolher a mãe ou o irmão distante, ou que dependem dos parentes para obter a casa em que vivem ou o

96　DA ECONOMIA AOS DESEMPREGADOS

dinheiro do pão e leite de todo dia. Frágil também porque a situação do casal está sempre em questão, num clima tenso que os faz "engolir em seco" as frustrações que vão se acumulando, o medo diante da incerteza, e põe em cena ter que provar uma impressionante capacidade de amar apesar de tudo. As figuras parentais estão em questão e, com elas, a sua autoridade diante do grupo familiar, num jogo em que ora soçobram, ora são resgatados, sem uma conclusão definida. Assim, o pai pode perder o seu lugar no quarto do casal para refugiar-se ora no quarto do filho, ora na casa de sua mãe, sinalizando algo assim como uma degradação na hierarquia familiar – de pai para irmão, de irmão para filho. As repercussões do drama da falta de trabalho em um dos pais são enormes na vida dos filhos, se é que podemos fazer de nosso grupo um padrão para estudo. Todos os filhos, de algum modo, têm que lidar com a incerteza que a falta de trabalho dos pais suscita. E a tendência para o extravio é grande. Quase todos os que participaram de nossa pesquisa trazem um sentimento de que, se para eles está difícil arrumar emprego por causa da idade ou dos entraves advindos da própria história de trabalho, para os filhos as coisas não se apresentam mais fáceis, deixando pairar sobre todos, de algum modo, a sombra de que a maldição do desemprego, por assim dizer, possa cair *também* sobre os filhos.

Cada membro da família tem que acolher o outro, desesperadamente. Se não o faz, é insensível. Não pode, como Silva disse, "jogar na cara". E todos parecem saber do quão importante é acolher aqueles que o mundo do trabalho abandonou. Esse é um aspecto que ganha um traço quase moral, apesar de se sustentar sobre um sem fim de sentimentos ambíguos, fruto azedo da angústia, do medo e da incerteza. Não se pode fazer justiça na própria casa, não a justiça que o social faz. Não se pode avaliar as pessoas como o mundo administrado lá fora o faz, isso seria perder o coração. Como diz Christopher Lasch (1991), a família é uma célula protetora ou acolhedora num mundo sem coração. E é essa função protetora e acolhedora que é posta em questão diante do trauma do desemprego. E aí, novamente, apesar dos argumentos muitas vezes recorrerem a uma moral sobre a fidelidade, o que resta é uma decisão pessoal do cônjuge ou dos filhos para suportarem a situação. Às vezes, são as intervenções dos filhos as responsáveis pela manutenção de um frágil equilíbrio entre os pais, demandando forças de um e de outro para se manterem juntos. A resposta positiva do núcleo familiar faz parte da esperança desesperançada em que vivem, principalmente em relação aos homens desempregados, que tendem a ver a si próprios sob a moldura de um amor próprio ferido profundamente. Serem acolhidos pela família ou pela companheira é tudo que lhes resta, mas tendem a sustentar um orgulho que por muitas vezes se sobrepõe, entrando em confronto com os próprios gestos de acolhimento que o grupo familiar suscita, como que querendo afirmar a realidade de uma autonomia ilusória.

Os homens podem fantasiar um recomeçar sozinhos, longe e livres de tudo. Não as mulheres. Elas não têm alternativa. Como filhas, devem dar conta dos próprios pais. Como mães, devem batalhar pelos filhos. E, enquanto esposas, lhes cabe ser pacientes diante das desventuras dos maridos.

Por outro lado, a diferença entre os gêneros serve também para ver em atividade, no interior do espaço familiar, toda violência do espaço social maior, ora pelas cobranças exasperadas que se avolumam, ora porque o espaço familiar é o único reduto que restou para a atuação de demandas próprias. A diferença de gêneros tem implicações profundas tanto com a história da tessitura social em que estão inseridos quanto com a organização psicossexual de cada um deles. Para os homens, o social pode contrair-se na mu-

98 DA ECONOMIA AOS DESEMPREGADOS

lher que, se o reconhecer potente, o resgata, em grande parte, das penúrias narcísicas. Já para as mulheres, seu companheiro não é tanto esse espelho do social. Verdade que todas elas gostariam de ter ao lado homens capazes de trazer os provimentos para casa, fazendo às vezes dessa queixa uma demanda pessoal, algo assim como um espelho por meio do qual reitera-se e ratifica-se a condenação anteriormente emitida pelo mundo do trabalho. Porém, as mulheres com que conversamos, por assim dizer, estão mais atadas à moral do núcleo familiar do que os homens. Eles retraem-se na moral familiar, como desterrados do mundo social. E habitam o círculo familiar como refugiados que se acolhem e se abrigam, se protegem e se amparam por entre as redes do tecido familiar. Porém, sentem-se lá dentro banidos do seu lugar natural, convivendo de forma desequilibrada, como estranhos no ninho em torno dos afazeres domésticos. Verdade que tendem a adaptar-se, mas não é o natural. Já as mulheres parecem realizar o movimento oposto: as mazelas do mundo do trabalho favorecem o emprego do feminino, ou seja, o emprego temporário, quebra-galho, sem carteira assinada e sem maior responsabilidade por parte do empregador do que o aqui e agora. Lavadeiras, vendedoras ambulantes, faxineiras, empregadas domésticas, enfim, toda uma série de serviços temporários e informais oferecem-se como alternativas para o ingresso de algum provimento, tendendo a inverter-se assim, de algum modo, os papéis desempenhados pelo casal parental, transformando ela em provedora e ele em responsável pela organização doméstica. Para as mulheres, essa situação não parece ser algo novo. Elas parecem muito mais disponíveis e aptas para o papel de provedoras do que eles para serem enredados na organização da casa. Precisa de muita campanha externa para sentirem-se bons cozinheiros, guardiões dos filhos, lavadores de louça e de roupa. De algum modo, o desemprego os degrada ao transformá-los em cuidadores da casa. Não gostam, não parece ser coisa para homem. E resgatam-se às vezes como Pedro, criando situações nas quais tentam reequilibrar-se narcisicamente, suscitando impossibilidades que põem em risco o já fragilizado equilíbrio familiar. Tornam-se moralistas, demandam um amor e uma fidelidade infinitos e observam com inveja o desempenho das mulheres fora de casa. O desemprego, para os homens, põe em xeque a própria moral deles. Não é apenas uma violência pessoal, não é apenas uma ferida interna, mas é o próprio chão ideacional sobre o qual estão implantados que parece ecoar junto com o mundo do trabalho e tende a expulsá-los. Os acontecimentos aqui se precipitam com muito mais velocidade do que a acomodação de todo o sistema de valores – duro e complexo como uma geologia – sobre o qual se legitimam e a partir do qual são legitimados. O desemprego demanda deles uma abertura para um enorme rearranjo de si, e nem sempre há disponibilidade para tanto, seja pelo recorte vertical que os ancora à biografia familiar, seja pelo recorte horizontal que os enraíza na desarmônica multidão de vozes e demandas sociais. As mulheres, mesmo que mais atadas – e quem sabe também por isto mesmo –, tendem a realizar um processo de reorganização que leva em consideração o real – uma vez que o mundo do trabalho muitas vezes prefere o feminino para atividades informais, sem vínculo empregatício – e possibilita a emergência de situações concretas que deem conta, ainda que minimamente, do cotidiano, funcionando elas como verdadeiros rebocadores que, tomando a iniciativa e a dianteira, arrastam, com o seu esforço, através das águas turbulentas e ameaçadoras do real, o pesado fardo familiar, em cujo núcleo, feito um Jonas assustado, frequentemente esconde-se um homem magoado e ferido.

A família é o núcleo central de elaboração, o território que restou para uma reorganização da nova realidade situacional que o desemprego gerou. E constitui-se num privilégio inestimável o daqueles que podem contar com uma estrutura familiar mais tolerante e disponível para acolher toda a carga pesada que o desempregado traz para casa, e que supera em muito a já difícil situação econômica. Pois aqui não se trata apenas da falta de dinheiro, mas da sobra de frustrações e carências que os envolve por inteiro como existentes, colocando em questão suas competências de um modo tão intenso que suspeitam de sua legitimidade para existir. E, assim, oscilam entre o sentimento de fracasso e a humilhação de viver dos favores e da boa vontade dos familiares, numa dinâmica que só a constância de um cotidiano familiar mais estável é capaz de catalisar, promovendo uma transformação que os reafirma enquanto existentes mais plenos.

Apesar de a família ser este insubstituível território de reorganização pessoal, não se pode pedir a ela que se transforme na totalidade do território existencial de seus membros. Talvez os idosos contraiam a sua existência à vida familiar. Porém, os desempregados, que se veem forçadamente contraídos para dentro da família, deixam em aberto pontes fundamentais para com o mundo mais amplo que a família. E a falta de conexão com a outra margem traduz-se em algo assim como veias abertas por onde escoa uma sangria identitária, um esvair-se constante de tudo aquilo que lhes permitia reconhecer-se afirmativamente como homens. E todo o amparo familiar, quando este existe, não é suficiente para estancar essa sangria. É que a dimensão do trabalho não é essencial apenas para o ganha-pão, como deixaram claro quase todos os membros do grupo de desempregados com que trabalhamos. O que se come no trabalho é mais gostoso, como disse a Rosa, não apenas porque está garantido um mínimo de dinheiro, mas porque, trabalhando, reafirma-se a pessoa. E não adianta insistir na ideia de que organizar a casa é da mesma natureza que cumprir uma função no mundo social mais amplo, cujo eixo está sempre do outro lado da porta da casa. Freud afirmava que a saúde psíquica sustenta-se sobre dois pilares: o amor e o trabalho. Mancos de um, a família não apenas desequilibra-se, como também é incapaz de clonar em seu interior a reconstituição desse pilar. Se bem que muitas vezes a coluna do amor possa passar a ser vivida como sendo o trabalho dos membros para conter as desventuras e amarguras de quem foi deixado de fora ou expelido do mundo do trabalho. De qualquer forma, trabalham os outros membros para suportar aquele que perdeu o trabalho. E o desempregado em casa será sempre um desempregado em casa, ainda que pinte paredes, arrume o telhado, lave louça, cuide dos filhos, cozinhe etc. Nada disso substitui o mundo do trabalho.

Hoje em dia, muitos autores (ver, por exemplo, Gorz (1987) e Offe (1985)) afirmam que, na contemporaneidade, o mundo do trabalho perdeu a sua centralidade na vida dos homens. Os cientistas sociais Ricardo Antunes (1999) e Sérgio Lessa (2002) afirmam, a partir de suas reflexões, que o trabalho não perdeu sua centralidade, mas o emprego, sim. Com base na análise da centralidade do trabalho na contemporaneidade, Sérgio Lessa (2002) postula uma questão central: "qual centralidade, qual trabalho?", pois, para o autor, o trabalho teria perdido sua centralidade como atividade cotidiana privilegiada, assim como os trabalhadores e as trabalhadoras teriam deixado de ter centralidade política na sociedade em função dos processos recentes de fragmentação e heterogeneização da classe trabalhadora, agora uma classe-que-vive-do-trabalho, na expressão cunhada por Ricardo Antunes (1999), e que romperam, de forma significativa, o próprio senso de classe entre os trabalhadores. Contudo, o trabalho não perdeu sua centralidade ontológica, pois trabalhar ainda seria indispensável para a existência humana. Em síntese: "o trabalho concreto segue sendo necessário para a construção da práxis social e o trabalho abstrato, para reprodução do capital" (Ribeiro, 2014, p. 59).

102 DA ECONOMIA AOS DESEMPREGADOS

Por sua vez, para André Gorz (1987) e Claus Offe (1985), teria se dado um processo no mundo do trabalho tal que, por assim dizer, o homem estaria, em grande parte de seu tempo, dispensado da produtividade. As máquinas trabalhariam por si sós, a produção aconteceria enquanto os homens ficassem recolhidos à fruição de produtos culturais, lazer e afazeres pessoais. Verdade que está tentando se inventar um novo homem. E verdade que o homem é capaz de desdobramentos transformadores incríveis, como a história mostra. Mas, na realidade do nosso Brasil e, mais especificamente falando, na realidade das populações que lutam pela sobrevivência diária sem ter garantido nem sequer o teto, o alimento, a saúde, a vestimenta e a educação dos filhos, todo esse debate tão presente em países do primeiro mundo sobre a substituição do trabalho por outras formas de viver soa, para além de estranho, ridículo. O que desesperadamente as pessoas que atendemos buscam é trabalho, porque para elas o trabalho é o lugar da própria afirmação de suas existências.

Sylvia Leser de Mello (1988) mostra em seu livro *Trabalho e sobrevivência: mulheres do campo e da periferia de São Paulo* – resultado de uma pesquisa na qual escutou longamente mulheres que trabalhavam como empregadas domésticas, todas elas moradoras da Vila Helena, um bairro na periferia de São Paulo, e oriundas da mesma região rural de Minas Gerais – como o trabalho ocupava um lugar tão central que, de acordo com a autora, confundia-se com a própria vida. O trabalho, para elas, era a forma de resistir às desesperanças, de afirmar a continuidade da vida. "Porque trabalhar é mais do que sobreviver: de certo modo, é colocar as coisas no lugar, arrumar o mundo, dar ordem nas circunstâncias, que, de outra maneira, seriam devastadoras" (p. 168). E mais, para essas mulheres, trabalhar era opor-se à desesperança:

se o trabalho é a resposta de que dispõem para enfrentar [os conflitos], é porque não se permitem mergulhar na desesperança. Elas conhecem bem demais, porque convivem diariamente com ele, o caminho que pode tomar a desesperança. Acompanharam passo a passo a destruição de seres humanos. Viram o último reduto de dignidade, o orgulho pobre e secreto de ser capaz de vencer as dificuldades, ser invadido pela bebida, pela doença mental, pela violência (p. 187).

E nós podemos, pela nossa experiência, ampliar essas reflexões de Sylvia Leser para todo o conjunto de pessoas com quem trabalhamos, homens e mulheres. O trabalho que elas demandam reiteradamente não é apenas o meio de ingresso de um dinheiro miúdo, mas a própria afirmação da existência delas. Buscam trabalho porque se amarram à vida e só conseguem se ver fazendo parte da vida trabalhando. É mais do que um equilíbrio psíquico que aqui está em jogo. É a própria existência. É a vida que só é vida quando também se trabalha. O trabalho é o legítimo território do estreito laço que existe entre a vida psíquica e a realidade sociopolítica-econômica porque, no circuito da família, o espaço de socialização contrai-se de tal maneira que essa realidade mais ampla, a dimensão sociopolítica-econômica, tende a esvair-se. Trabalhando, ocupa-se um espaço que legitimamente é o lugar da sociabilidade, o nexo entre elas e a vida.

Notas finais

O desemprego, tradicionalmente uma questão estudada por economistas, cientistas sociais e políticos que puderam desenvolver, a partir de seus achados, estratégias macrossociais de combate a ele, tornou-se gradativamente, ao longo do século XX e início do século XXI, um fenômeno demandante de análises psicossociais, em função dos seus efeitos e consequências pessoais, vinculares e sociais – terreno da psicologia em suas diversas vertentes, mais especificamente da psicologia social. Nesse terreno, a psicanálise, como ciência que busca descrever as dinâmicas psíquicas de cada ser humano singularmente, em suas relações consigo mesmo e com os outros, encontra possibilidade de um diálogo necessário com as ciências da vida social e econômica. Como sugerimos, o desemprego é um fenômeno multidimensional e, portanto, demanda a interdisciplinaridade para sua compreensão e para a averiguação das possibilidades de intervenção.

Explicitar, por trás dos números, dos dados estatísticos e econômicos, a existência de pessoas que vivem a experiência de ser e estar desempregadas, com os sofrimentos decorrentes dessa situação, nos conduz a pelo menos duas constatações: (1) a necessidade de a psicologia se dedicar com mais atenção ao estudo e desenvolvimento da compreensão do fenômeno do desemprego e da experiência de ser (ou estar) desempregado e desempregada; e (2) a urgência de integrar equipes interdisciplinares em políticas públicas que pensem a situação de desemprego e elaborem estratégias de intervenção, tanto no sentido da diminuição da falta de trabalho quanto de cuidado às pessoas desempregadas.

Esperamos que este livro possa auxiliar, por um lado, profissionais interessados na temática do desemprego, em suas reflexões e práticas, e, por outro, que incentive mais pessoas a compreender e se colocar a tarefa de enfrentar a questão do desemprego como sofrimento psicossocial.

Filmes que sugerimos

Vinhas da ira (Ford, J., 1940). Durante a grande depressão de 1932, uma família de agricultores é obrigada a deixar os campos em que trabalhavam para buscar empregos na Califórnia, disputando com uma legião de desabrigados as poucas e mal remuneradas vagas disponíveis. Baseado no livro homônimo de John Steinbeck (1939).

Ladrões de bicicleta (Sica, V. De, 1948). Na empobrecida Itália do pós-guerra, um homem consegue um emprego como colador de cartazes e precisa de sua bicicleta, que já está empenhada, para trabalhar. Para retirá-la, sua mulher empenha os lençóis. No seu primeiro dia de trabalho, sua bicicleta é roubada e ele perderá o emprego se não a recuperar.

A noite dos desesperados (Pollack, S., 1969). À época da grande depressão americana, é criado um concurso de dança que oferece 1.500 dólares como prêmio para o casal que conseguir ficar mais tempo dançando.

108 FILMES QUE SUGERIMOS

O sucesso a qualquer preço (Foley, J., 1992). Em tempos difíceis, o diretor de uma imobiliária de Chicago cria uma promoção em que os corretores competirão por um carro, um jogo de facas ou o olho da rua, conforme seus desempenhos, o que provoca uma luta feroz por seus empregos. Adaptado da peça de David Mamet (1983).

Ou tudo ou nada (Cattaneo, P., 1997). Sheffield, na Inglaterra, é uma cidade em que a indústria do aço fornecia empregos em grande quantidade no passado, mas que, com o declínio de suas indústrias, passa a abrigar uma legião de desempregados. Para sobreviver, seis deles veem uma oportunidade de ganhar dinheiro com shows de *striptease* masculino. Mas, como não têm o físico considerado ideal, eles criam um diferencial: irão até o fim, tirando toda a roupa.

Segunda-feira ao sol (Aranoa, F., 2001). Uma cidade costeira no norte da Espanha sofre com seu isolamento quando seus estaleiros começam a ser fechados, deixando vários trabalhadores desempregados e à mercê de pequenas ocupações temporárias. Entre eles está Santa (Javier Bardem), um machão rebelde e autossuficiente que se recusa a entrar em contato com o fracasso. Mas ele e seus companheiros, dos quais ele se torna uma espécie de líder, mergulham no alcoolismo e em crises familiares.

A virada (Kendrick, A., 2003). É a história de um executivo bem-sucedido e arrogante que, num processo de reorganização de sua empresa, acaba demitido junto com vários de seus colegas. Todos terão que aprender a sobreviver à nova situação. Um filme triste e realista sobre o momento em que as empresas consideram que têm que se adaptar à nova realidade do mercado e quem sofre são as pessoas, apenas números nessa equação.

O corte (Costa-Gavras, C., 2005). Após 15 anos numa indústria de celulose, um engenheiro é demitido num processo de reestruturação causado por uma fusão. Como é um mercado pequeno, ele trata de eliminar um a um seus principais adversários em eventuais processos de seleção das indústrias do setor.

Sonata em Tóquio (Kurosawa, A., 2008). A estrutura de uma típica família japonesa começa a desmoronar após o pai perder seu emprego e preferir esconder o ocorrido, por não saber lidar com a situação.

À l'origine (Giannoli, X., 2009). François Cluzet é um vigarista que se aproveita da crise de empregos no interior da França para envolver uma comunidade inteira na construção de uma estrada que leva a lugar nenhum, embolsando o pouco dinheiro da cidade.

Instituições de informação e atendimento que recomendamos

Ministério do Trabalho e Emprego (MTE)

O MTE é o órgão governamental central que oferece todas as informações necessárias para quem esteja na condição de desempregado e desempregada, entre elas, informações sobre o seguro-desemprego, Fundo de Garantia de Tempo de Serviço (FGTS), qualificação profissional, assim como a descrição de todos os programas públicos de auxílio ao trabalhador e à trabalhadora. Mais informações pelo site www.mte.gov.br.

Postos do Sistema Nacional de Emprego (SINE)

Os postos SINE são postos de atendimento ao cidadão e à cidadã localizados em todas as regiões do Brasil, visando promover a intermediação de mão de obra por meio da oferta de vagas de emprego e de um sistema de informações sobre o mercado de trabalho e sobre os principais programas de trabalho, emprego e renda promovidos pelo Ministério do Trabalho e Emprego (MTE). Mais informações pelo site portal.mte.gov.br/sine.

Centro de Apoio ao Trabalho (CAT)

O CAT é uma rede de unidades direcionada ao atendimento dos cidadãos e das cidadãs que buscam inserção no mercado de trabalho, por meio de intermediação de mão de obra, habilitação de seguro-desemprego, cursos de qualificação e orientação para o trabalho. Está presente em alguns estados do Brasil.

Serviço Brasileiro de Apoio às Micro e Pequenas Empresas (Sebrae)

Uma alternativa ao desemprego é o início de um empreendimento ou negócio, e o Sebrae é um serviço especializado, localizado em todos os estados brasileiros, que presta consultoria e oferece formação para tal tarefa. Mais informações pelo site http://www.sebrae.com.br/sites/PortalSebrae.

Incubadora tecnológica de cooperativas populares

Outra alternativa ao desemprego é o início de uma cooperativa, que é uma associação de pessoas que presta serviços nas mais variadas áreas onde não existem empregados e empregadores, e sim cooperados organizados de forma democrática. As incubadoras são espaços de incubação de cooperativas, ou seja, caso queira iniciar uma cooperativa, a incubadora oferece auxílio para tal empreitada. Existem diversas incubadoras espalhadas pelo território brasileiro. Mais informações pelo site portal.mte.gov.br/trabalhador-economia-solidaria.

Centro de Psicologia Aplicada ao Trabalho do Instituto de Psicologia da Universidade de São Paulo (CPAT/IPUSP)

O CPAT é um serviço ligado ao Instituto de Psicologia da USP, localizado na cidade de São Paulo, que oferece projetos de extensão para a comunidade visando auxiliar nas mais variadas questões do mundo do trabalho, como é o caso do desemprego. Mais informações pelo telefone (11) 3091-4188 ou pelo e-mail cpat@usp.br.

Serviço de Orientação Profissional do Instituto de Psicologia da Universidade de São Paulo (SOP/IPUSP)

O SOP é um serviço ligado ao Instituto de Psicologia da USP, localizado na cidade de São Paulo, que oferece atendimento para todos que estejam vivenciando alguma questão, dúvida ou transição em suas carreiras e trajetórias de trabalho, como é o caso do desemprego. O serviço oferecido é gratuito, e o interessado deverá comparecer pessoalmente. Mais informações pelo telefone (11) 3091-4174 ou pelo e-mail sopi@usp.edu.br.

Referências

Akutagawa, R. (1992). *Rashômon*. São Paulo: Paulicéia.

Alves, G. (2000). Da resistência à concertação – estratégias sindicais diante do novo complexo de reestruturação produtiva no Brasil. In *O novo (e precário) mundo do trabalho* (pp. 302-347). São Paulo: Boitempo.

Antunes, R. (1999). *Os sentidos do trabalho*. São Paulo: Boitempo.

Antunes, R. (2010). A crise, o desemprego e alguns desafios atuais. *Serviço Social e Sociedade, 104*, 632-636.

Antunes, R. (2011). Os modos de ser da informalidade: rumo a uma nova era da precarização estrutural do trabalho? *Serviço Social & Sociedade, 107*, 405-419.

Appay, B. (2005). *La dictature du succès*. Paris: L'Harmattan.

Arendt, H. (1987). *A condição humana* (3a ed.). Rio de Janeiro: Forense-Universitária (original publicado em 1958).

Auer, P. (2007). *Security in labour markets: Combining flexibility with security for decent work*. Geneva: ILO.

Ayres, J. R. C. M., Paiva, V., França, I., Jr., Gravato, N., Lacerda, R., Negra, M. D., ... Silva, M. H. (2006). Vulnerability, human rights, and comprehensive health care needs of young people living with HIV/AIDS. *American Journal of Public Health, 96*(6), 1001-1006.

116 REFERÊNCIAS

Barros, A. C., Jr. (2014). *Quem vê perfil não vê coração: a ferida narcísica de desempregados e a construção de imagens de si no Facebook e no LinkedIn.* Tese de doutorado não publicada, Instituto de Psicologia, Universidade de São Paulo, São Paulo.

Barros, C. A., & Oliveira, T. L. (2009). Saúde mental de trabalhadores desempregados. *Revista de Psicologia: Organizações e Trabalho, 9*(1), 86-107.

Bendassolli, P. F. (2007). *Trabalho e identidade em tempos sombrios – insegurança ontológica na experiência atual com o trabalho.* São Paulo: Ideias & Letras.

Blanch, J. M. (2003). *Teoría de las relaciones laborales. Desafíos.* Barcelona: UOC.

Block, F. (2000). Introduction. In K. Polanyi, *The great transformation* (pp. xviii-xxxviii). Davis: Departamento de Sociologia da Universidade da Califórnia.

Bosi, A. (1992). *Dialética da colonização.* São Paulo: Companhia das Letras.

Bosi, E. (1981). *Cultura de massa e cultura popular: leituras de operárias.* Petrópolis: Vozes.

Cacciamali, M. C. (2002). Princípios e direitos fundamentais no trabalho na América Latina. *São Paulo em Perspectiva, 16*(2), 64-75.

Castel, R. (1991). *Da indigência à exclusão, a desfiliação: precariedade do trabalho e vulnerabilidade relacional.* Paris: Esprit-Le Seuil.

Castel, R. (2004). *La inseguridad social ¿Qué es estar protegido?* (pp. 87-111). Buenos Aires: Manantial.

Castel, R. (2009). *La montée des incertitudes: travail, protections, statut de l'individu.* Paris: Éditions du Seuil.

Castelhano, L. M. (2006). *A perda do emprego, suas implicações subjetivas e as consequências para o laço social: uma contribuição psicanalítica.* Dissertação de Mestrado, Faculdade de Ciências Humanas e da Saúde, Pontifícia Universidade Católica de São Paulo, São Paulo.

Castillo, J. J. (1998). *A la búsqueda del trabajo perdido.* Madrid: Tecnos.

Costa, M. (2010). Trabalho informal: um problema estrutural básico no entendimento das desigualdades na sociedade brasileira. *Caderno CRH, 23*(58), 171-190.

Dejours, C. (1999). *A banalização da injustiça social.* Rio de Janeiro: FGV.

Demazière, D. (2006). Uma abordagem sociológica sobre a categoria do desemprego. In N. A. Guimarães, & H. Hirata (Orgs.). *Desemprego* (pp. 23-42). São Paulo: SENAC.

Druck, G. (2011). Trabalho, precarização e resistências: novos e velhos desafios? *Cadernos CRH, 24,* 37-57.

Dupas, G. (2005). Tensões contemporâneas entre o público e o privado. *Cadernos de Pesquisa, 35*(124), 33-42.

Estramiana, J. L. A. (1992). *Desempleo y bienestar psicológico.* Madrid: Siglo XXI.

Estramiana, J. L. A., Gondim, S. M. G., Luque, A. G., Luna, A. F., & Dessen, M. C. (2012). Desempleo y bienestar psicológico en Brasil y España: un estudio comparativo. *Revista Psicologia Organizações e Trabalho, 12*(1), 5-16.

Farina, A. S., & Neves, T. F. S. (2007). Formas de lidar com o desemprego: possibilidades e limites de um projeto de atuação em psicologia social do trabalho. *Cadernos de Psicologia Social do Trabalho, 10*(1), 21-36.

Fonseca, T. M. G. (2002). Modos de trabalhar, modos de subjetivar em tempos de reestruturação produtiva. In T. M. G. Fonseca (Org.). *Modos de trabalhar, modos de subjetivar: tempos de reestruturação produtiva, um estudo de caso* (pp. 13- 27). Porto Alegre: UFGRS.

Freud, S. (1930). *O mal-estar na civilização.* Rio de Janeiro: Imago (*Obras Psicológicas Completas de Sigmund Freud*, Vol. XXX).

Furtado, C. (1974). *O mito do desenvolvimento econômico.* São Paulo: Círculo do Livro.

Gonçalves, J. M., Filho. (1998). Humilhação social – um problema político em psicologia. *Revista Psicologia USP, 9*(2), 11-67.

Gorz, A. (1987). *Adeus ao proletariado: para além do socialismo.* Rio de Janeiro: Forense Universitária.

118 REFERÊNCIAS

Harvey, D. (2007). Neoliberalismo como destruição criativa. *InterfacEHS – Revista de Gestão Integrada em Saúde do Trabalho e Meio Ambiente, 2*(4),1-30.

Instituto Brasileiro de Geografia e Estatística (n.d.). *Mapa do mercado de trabalho no Brasil 1992-1997*. Rio de Janeiro. Recuperado de http://www.ibge.gov.br/home/estatistica/populacao/mapa_mercado_trabalho/notastecnicas.shtm

Jahoda, M. (1987). *Empleo y desempleo*. Madrid: Morata.

Krein, J. D. (2013). As transformações no mundo do trabalho e as tendências das relações de trabalho na primeira década do século XXI no Brasil. *Revista NECAT, 2*, 6-25.

Lasch, C. (1991). *Refúgio num mundo sem coração. A família: santuário ou instituição sitiada?* Rio de Janeiro: Paz e Terra.

Le Blanc, G. (2007). *Vidas ordinarias, vidas precarias: sobre la exclusión social*. Buenos Aires: Nueva Visión.

Lessa, S. (2002). Centralidade do trabalho: qual centralidade, qual trabalho?. *O mundo dos homens: trabalho e ser social* (pp. 27-47). São Paulo: Boitempo.

Mandelbaum, B. (2004). *O desemprego em situação: esboços de estruturação de uma clínica social*. Tese de doutorado não publicada, Instituto de Psicologia, Universidade de São Paulo, São Paulo. Recuperado de: http://www.teses.usp.br/teses/disponiveis/47/47134/tde-12012007-162027/publico/Mandelbaum_Belinda.pdf

Mandelbaum, B. (2009). O desemprego em situação: um estudo psicossocial. *Revista ABET, 8*(2), 46-57.

Marx, K. (1980). Processo de trabalho e processo de produzir mais valia. *O capital: crítica da economia política I* (Livro I, 6. ed.). Rio de Janeiro: Civilização Brasileira (original publicado em 1867).

Mello, Sylvia L. (1988). *Trabalho e sobrevivência: mulheres do campo e da periferia de São Paulo*. São Paulo: Ática.

Mészáros, I. (2006). Desemprego e precarização. In R. Antunes (Org.). *Riqueza e miséria do trabalho no Brasil* (pp. 27-44). São Paulo: Boitempo.

Moise, C. (2000). Trabajo, desempleo e impacto subjetivo. In I. Cortazzo, & C. Moise (Eds.). *Estado, salud y desocupación* (pp. 121-147). Buenos Aires: Paidós.

Moretto, A. J. (2010). *Políticas de emprego e sua contribuição à redução da informalidade e discriminação no mercado de trabalho brasileiro*: a experiência recente. Brasília: OIT.

Novo, L. (2005). El lugar social del trabajo. In L. Schvarstein, & L. Leopold (Eds.). *Trabajo y subjetividad* (pp. 113-143). Buenos Aires: Paidós.

Offe, C. (1985). Trabalho: a categoria sociológica chave?. *O capitalismo desorganizado*. São Paulo: Brasiliense.

Paul, K. I. (2005). *The negative mental health effect of unemployment: Meta-analyses of cross-sectional and longitudinal data*. Dissertação inaugural, Friedrich-Alexander-Universität, Nuremberg, Germany.

Piccinini, V., Oliveira, S. R., & Rübenich, N. V. (2006). Formal, flexível ou informal? – Reflexões sobre o trabalho no Brasil. In V. Piccinini et al. (Org.). *O mosaico do trabalho na sociedade contemporânea: persistências e inovações* (pp. 93-117). Porto Alegre: UFRGS.

Polanyi, K. (1980). *A grande transformação: as origens da nossa época*. Rio de Janeiro: Campus.

Proni, M. W. (2013). Trabalho decente e vulnerabilidade ocupacional no Brasil. *Economia e Sociedade*, 22, 825-854.

Ribeiro, D. *O dilema da América Latina: estruturas de poder e forças insurgentes*. Petrópolis: Vozes, 1979.

Ribeiro, M. A. (2007). Psicose e desemprego: um paralelo entre experiências psicossociais de ruptura biográfica. *Cadernos de Psicologia Social do Trabalho*, 10(1), 75-91.

Ribeiro, M. A. (2009). Você está demitido! Os impactos psicológicos do desemprego. *IHU online (Revista do Instituto Humanitas Unisinos)*, 9(291), 14-16.

Ribeiro, M. A. (2010). Estratégias micropolíticas para lidar com o desemprego: contribuições da psicologia social do trabalho. *Revista Psicologia Política, 9*(18), 331-346.

Ribeiro, M. A. (2011). Juventude e trabalho: construindo a carreira em situação de vulnerabilidade. *Arquivos Brasileiros de Psicologia, 63*(spe), 58-70.

Ribeiro, M. A. (2014). *Carreiras: novo olhar socioconstrucionista para um mundo flexibilizado.* Curitiba: Juruá.

Richardson, M. S. (1993). Work in people's lives: A location for counseling psychologists. *Journal of Counseling Psychology, 40*, 425-433.

Ruiz, O. J. L. (2013). La "empresa" como modo de subjetivación. *Confluencia, 13*(10), 119-145.

Santos, J. B. F. *O avesso da maldição do Gênesis: a saga de quem não tem trabalho.* São Paulo: Annablume; Fortaleza: Secretaria da Cultura e Desporto do Governo do Ceará, 2000.

Santos, M. (2000). Da política dos Estados à política das empresas. In *Por uma outra globalização* (pp. 61-69). Rio de Janeiro: Record.

Seligmann-Silva, E. (1997). A interface desemprego prolongado e saúde psicossocial. In J. F. Silva Filho, & S. Jardim (Orgs.). *A danação do trabalho.* Rio de Janeiro: Te Corá.

Seligmann-Silva, E. (1999). Desemprego: a dimensão psicossocial. In Sociedad Interamericana de Psicologia (Org.). *La Psicologia al fin del siglo: Conferencias magistrales, XVII Congreso Interamericano de Psicologia* (pp. 339-359). Caracas: Sociedad Interamericana de Psicología.

Sultana, R. G. (2013). Flexibility and security? 'Flexicurity' and its implications for lifelong guidance. *British Journal of Guidance and Counseling, 41*, 145-163.

Touraine, A. (1998). *Poderemos viver juntos? Iguais e diferentes.* Petrópolis: Vozes.

Touraine, A. (2007). *A new paradigm for understanding today's world.* Cambridge: Polity.